凤凰师轩
FENGHUANG SHIXUAN

行知工程
创新教学探索系列

神奇的阅读教室

带学生踏上美妙的阅读之旅

SHENQI DE YUEDU JIAOSHI

李祖文 著

江苏凤凰教育出版社
Phoenix Education Publishing, Ltd

图书在版编目（CIP）数据

神奇的阅读教室：带学生踏上美妙的阅读之旅/李祖文著.
—南京：江苏凤凰教育出版社，2015.10

ISBN 978-7-5499-5059-1

Ⅰ.①神… Ⅱ.①李… Ⅲ.①阅读课－中小学－教学参考资料
Ⅳ.①G634.333

中国版本图书馆 CIP 数据核字（2015）第 116985 号

书　　名	神奇的阅读教室——带学生踏上美妙的阅读之旅
作　　者	李祖文
责任编辑	沈静明　雷利军　闫丽春
出版发行	凤凰出版传媒股份有限公司
	江苏凤凰教育出版社（南京市湖南路 1 号 A 楼　邮编 210009）
苏教网址	http://www.1088.com.cn
照　　排	润星之源文化有限公司
印　　刷	三河市九洲财鑫印刷有限公司
厂　　址	河北省三河市灵山大口
开　　本	787 毫米×1092 毫米　1/16
印　　张	14
字　　数	229 千字
版　　次	2015 年 10 月第 1 版　2015 年 10 月第 1 次印刷
书　　号	ISBN 978-7-5499-5059-1
定　　价	30.00 元
网店地址	http://jsfhjycbs.tmall.com
邮购电话	025-85406265,85400774　短信　02585420909
E - mail	jsep@vip.163.com
盗版举报	025-83658579

序一

园岭，是一片教育沃土

——给祖文老师的新书序

园岭，是深圳特区一块丰饶的热土。从这里，走出了很多校长，也走出了很多名师和特级教师。园岭之所以还保持着长久的魅力，就是因为我们还有一批如祖文老师这样的不断前行的老师。当祖文老师邀我为他的新书作序时，我欣然接受，也觉得很有必要说说他的成长经历，或许从中可以给我们一些启示。

初见祖文老师是2002年的暑假临开学前夕，那时正值园岭三校合校之际，一切事情都十分忙碌，只记得那时的他瘦瘦的，不过蛮有精神。他是当时福田区调考成绩特别靠前的老师，当听说他还在犹豫是否调到深圳时，我以我自己的亲身经验告诉他：深圳，是一片教育的沃土，是有着与内地不一样的平台，更适合教师的专业发展。也许我当时未必是有心的述说，但他留下来了，留在了园岭。

园岭一直有个不成文的规定：新来的老师到校两周内必须要上一节给全校老师听的课。至于那个时候他上的是什么课，我已经不太记得，但是他以生为本，创造性使用文本的教学风格让我至今记忆犹新。也许就是因为这节课，我跟其他的行政人员商量，决定让他担任学校本部的语文科组长。让一位刚调入的老师承担一个学科，特别是一个大学科的学科组长，对于园岭来说，不是什么特别的事情。但是对于他来说，这副担子确实够重：一个连其他老师名字都未必能够叫出来的老师要领着大家展开教研，确实挺为难他。他也找到我推脱这件事情，但我告诉他：园岭，就是这样"敢为人先，追求卓越"的。也因为如此，他开始担任学校语文科组长。渐渐的，他开始适应，开始有条不紊地开展工作。即便是杂乱的事务性工作，也没有磨灭他身上"敢于创新"的风格，我决定继续给他压担子：担任大园岭一校三部语文科组的总科组长。这是一副更重的担子，他需要顾及一校三部将近80位老师的教研。可这一次他没有来找我，而是欣然接受了这副担子。这一次，“敢于承担”是他给我的新印象。接下来的几年，他领着三个部做了很多的尝试，做了很多的创新。既有科组活动方式的创新，也有课堂教学的创新。既延续了园岭教研的老传统，也形成了园岭新的特别的教研氛围。

如果让我形容这个阶段的祖文老师，我想他是处于教师的“职业人生”阶段。

接下来的几年，我看着他不断成长，也见证着他结婚生子，更见证着他的新一轮蜕变。

2009年，出于对于学校儿童阅读开展的需要，我送他去浙江千岛湖参加儿童阅读研习营的培训。这是一次出乎我意料的培训，这次培训正如他自己所言，是“改变了他教学行走的方式”的培训。从千岛湖回来后，他开始做出更大胆的尝试和创新。很多的尝试和创新在当时确实是过于大胆与具有革命性，也引起了各种争议。出于对一名年轻教师的保护意识，也是出于鼓励教师创新的考量，我一如既往的保护他的创新，甚至在各种会议上发声支持他，为他支撑起创新的空间。经过几年的分步实验，2012年，他向我提出要建立一间特别的教室——阅读教室。这确实是一个大胆而又革命性的尝试，作为一名曾经的语文老师，我直觉感知到他的实验可以给目前的教学体系一些有益的尝试。我没有犹豫，叫来总务处主任，叫来教导处主任，现场办公，利用暑假的时间，为他搭建一个平台，搭建一个新的实验场。2012年9月，一间有别于传统的阅读教室诞生，他也开始在这个实验场开始新一轮创新。为了给他加担子，我告诉他必须在两个月之内开发出有别于传统课程的阅读课程。两个月后，我和区教研中心陈主任走进他的课堂，新型的阅读课程已经初见雏形。也得到了各方的好评。2013年3月，他捧回了“第一号教室”的牌匾，渐渐地，越来越多的参访团开始造访园岭，造访他的教室。他的课程发展也一发不可收拾，越来越成熟，也越来越得到全国同行的高度认可。他的课也越来越受到学生的欢迎。这一次，“特色鲜明”是他给我的另一个印象。

如果让我形容这个阶段的祖文老师，我想他是处于教师的“艺术人生”的阶段。

可能是他有了越来越多的社会活动，也可能是他想更静心地开发他的课程，他向我提出辞去语文科组长的职务，静心做一个班的班主任并担任语文课教学任务。我虽然有些不情愿，但还是尊重他的选择，支持他全力向专业方面发展。也许他的目标定位越来越清晰，每天早上7点就到了学校，投入到班级工作中去，每天都用微博记录着自己教学工作中的点点滴滴。他用他的实际行动在回报着学校对他的支持与信任。后来，当选福田区首届首席教师，入选深圳名教师，有了自己名字命名的区级工作室，更是在2014年9月登上《小学语文教师》的封面。一位老师正将教学生活融入到自己的生命之中。欣慰与感慨之余，我觉得他正逐渐步入“教育生命”的教师生涯的阶段。

从他青涩的青年时代，到现在微微发福两鬓开始斑白的中年时代，我见证着他的成长；从一个优秀的教书匠到现在开始成为进行教学研究的准专家，我也见证着他的成长。我有理由相信，在园岭这片教育沃土上，他会走得更踏实，走得更远。

（作者系深圳市园岭小学校长，中学高级教师，语文特级教师梅任华）

序二

在课程中成长

祖文这本书，不是写出来的，而是用心做出来的。它的价值在于，用课程改变人的成长，包括学生的成长、教师的成长。

让学习在学生身上真正发生，应该是教学的唯一追求。但是，我们仍然可以看到，在太多公开课或家常课上，大部分教师仍然围绕着“教”来设计学习活动。在很多语文课上，学习其实并未真正发生。

我曾经在一篇文章里形容当前的不少语文公开课是“鸬鹚捕鱼”：课堂就像池塘，教师是渔人，学生则是鸬鹚。教师提问，犹如渔人下篙。“渔人”一下篙，孩子们就纷纷到“水”中去找“鱼”，“鱼”很快就会被找到，然后学生再把“渔人”所需要的“鱼”纷纷吐出来。表面上看，课堂热热闹闹，深究起来，便会悲哀地发现：教师提出的问题，未必是孩子们真正需要解决的，而且，孩子们在三五秒中便能回答出来的问题，也未必是真正的好问题、真问题。孩子们在课堂上，无非是一次又一次地跳入“渔人”指定的“水域”，跳下去，跳上来，“嘴”到擒来，周而复始。至于这跳上、跳下的动作，只是熟能生巧的结果，与真正的技能并无关系。

真想知道，到什么时候，我们的课堂才能够“翻转”过来？让“鸬鹚”自已去找鱼、吃鱼，当学生找不到鱼，或者吃鱼时遇到困难了，渔人再给予指点、引导，变“命令鸬鹚捕鱼”为“带着鸬鹚主动捕鱼”？也许那时，我们的课堂会发生一些本质的变化。

在祖文的这本书中，我强烈地感受到了这种深刻的变化：教师倾尽全力，打造精彩的课程，让学生在课程中经历真实的学习，收获知识、提升技能。

祖文的阅读教室有两大特点。第一个特点是小组座位自由组合。学生的座位，可以根据需要，形成不同形态的组合。但这似乎不是祖文阅读教室的独特标志，不少小班教学环境下的教室，也与之大同小异。第二个特点，才是祖文阅读教室的特色所在。在他的教室里，共有5000多册图书。被图书环绕的教室，就像小型图书馆。学生一进入教室，就犹如进入图书馆，时刻徜徉在迷人的“阅读王国”里。

不要小看这样一间阅读教室。环境对人的影响是潜移默化的，也是不可估量的。祖文的阅读教室里有各种各样的书，绘本、小说、童话、历史、传记，各类世界名著……丰富多彩的书，为学生自由阅读提供了方便，学生根本不用走进图书馆，大量优质的书就已触手可及。与之配套的是祖文的“自由阅读课”，多次在祖文的教学日志中读到，孩子们最喜欢这样的“自由阅读”。“课程的丰富性，决定着生命的丰富性，课程的卓越性，决定着生命的卓越性。”（朱永新语）环境课程的丰富与卓越，对锻造个体生命的丰富与卓越，有着至关重要的作用。

“习惯养成课程”是祖文阅读课程的一大特色。细读本书第三部分，我们能强烈地感受到，祖文把学生的学习习惯养成确立为其阅读课程的基础——

1. “学习”的习惯
2. 倾听与专注的习惯
3. 提问的习惯
4. 讨论与分享的习惯
5. 演奏书籍的习惯
6. 辨析的习惯
7. 梳理的习惯

这些习惯的养成，不是在一年时间内完成的，而是有计划、有侧重地渗透在学习的各个阶段，螺旋上升，逐步到位。祖文对学生学习习惯的养成与训练是非常严苛的，他会不厌其烦地对其反复强化——这点，我们从祖文的教学日志中可窥见一斑。良好的学习习惯养成后，素养提升也就水到渠成了。

“统整课程”是祖文阅读教室的核心。他的“统整课程”包括这样几个方面：教材内部的统整；教材与环境的统整；教材学习资源与课外学习资源的统整；教师、学生、家长的统整。

祖文的“统整课程”最值得我们借鉴与学习的地方是他对课文单元进

行的重组。从本书第四部分呈现的学习主题来看，祖文显然没有按照“人文”主题来整合，而是以对儿童的学习力的提升为出发点，将教材组合成适合儿童认知模式的若干个单元主题，在主题的统领下，最大限度地整合教材内部和教材外部的学习资源。从四年级所呈现的学习主题来看，所有主题学习的核心理念，都指向于“通过阅读去发现，在发现中学习”。尤其是四年级下册，更是把整册的学习过程界定为“发现之旅”。教师和孩子们一起经历“发现景之美”“发现科学之真”“发现人性之美”“发现故事之善”。在发现的过程中，祖文经常让孩子们填写“KWL”表。通过回答“我已经知道了什么”“我还想知道什么”“通过阅读我知道了什么”等问题，引导学生经历自我导向的学习。这种基于经验和问题的KWL模式的学习，很大程度上指向于对学习策略的掌握。让学生在课堂上填写这些表格，会花费很多时间，让课堂显得沉闷。但祖文却不这样想，他说，只要能保证教师和孩子们在经历真实的学习，他自己愿意一直做一个“笨笨的教师”。其实，我更愿意把这样的课比作“静水深流”，可以想见，学生多次经历这样的静静的学习，就会逐渐掌握资讯类文本的阅读策略。这样的学习，也因充分的自我发现和相互发现而充满了独特的魅力。

这样的发现之旅，真正体现出了“以学为本”。在这样的阅读教室和阅读课堂上，孩子们不再是等待渔人下篙的“鸬鹚”，而是亲历“自主探究—自我发现—分享成果”的全过程。教师，不再是纯粹的“渔人”，而是学习伙伴和组织者、激励者。尤为可喜的是，在祖文的阅读教室里，孩子们的学习不再局限于课本，而是向教师、伙伴以及周围的一切学习资源学习。

不单单是阅读课程充满着发现的快乐，祖文的作文课程也是如此。在其教学日志中，我们欣喜地看到，祖文在读与写的一体化方面做出了新的探索。他通常让孩子们在学习某个单元之前先自由作文，然后通过向书本学习、向伙伴学习、向更多的优秀读物学习，不断地学习、建构和提升，进而修改出最满意的作文。这个过程，既是写作的过程，又是阅读的过程。

祖文已经把阅读和作文真正打通了。

阅读教室，让学生经历着真实、丰富、有意义的自我导向学习。学习，在学生身上真实地发生着。

提起教师的专业成长，很多教师都会认为公开课是其成长的最佳路径。

有多少教师，为了一节又一节的公开课，试教一遍又一遍，挖空心思，殚精竭虑。

然而，如果有人追问，你所教的学生有什么特色？你有哪些值得我们借鉴的独一无二的课程？我想，并不是所有的名师都能响亮地回答：我带的孩子，是非常出色的；我班的课程，是独一无二的；你随时来听我的课，欢迎！

其实，也许有底气这样回答的教师，他的公开课反而上得并不是很出色，但是，谁又能说，他不是名师呢？

可惜，这样的名师，其价值却远远未被发掘。

我们很有必要对热衷于通过公开课获得成长的方式，做一番理性的反思。

众所周知，芬兰教育全球领先，但校长却从不听教师的课，也没有公开课的说法。校长最重视的是每年年初召集学术委员会，对教师的个性化课程进行评审。

被誉为“当代梭罗”的全美最佳教师雷夫·艾斯奎斯，在访华时屡屡提及，美国没有公开课，他几十年如一日地守望着自己的教室，默默耕耘着。他的第56号教室和莎士比亚戏剧课程，最终成为一种文化现象。

著名学者金克木先生在《国文教员》一文中深情地回忆他的私塾先生。金先生提到，这位国文教员的语文课，有这么几点值得关注。一是，自编教材供学生阅读；二是，让学生大量背诵名篇；三是，适度精当的讲解。他的课，绝不像当下的公开课那样“养眼”，但却“养人”——培养出了像金克木这样的大师级人物。

反观当下中国教育界，观摩公开课已然成为一大盛事。讲课者你方唱罢我登场，听课者翘首企盼、趋之若鹜。在日常教研活动中，比较固定的模式往往是几位教师上几节课，然后大家就课论课，谓之研讨。

细细比照，我们不难发现，当前国内大部分一线教师只是专注于怎么把一节课上得漂亮。然而，无论是金克木先生的国文教员，还是芬兰和美国的教师，都十分专注于学生的成长，专注于自己的课程——当然，这里所指自己的课程，是指教好基础课程前提下自主开发的“师本课程”。

这样的教师，并没有把大量的时间都用于研究一节课如何上得更漂亮上，而是埋首于个性化课程，努力将他们的才情、兴趣、爱好融合在富有生命气息的“师本课程”中。这样的教师，也许讲不出精彩的语文课，但他们的课程可以是精彩的。对他们来说，精彩的语文课程不是完美的教科书，不是漂亮的课堂，而是教师本身。

所幸，越来越多的教师开始专注于“师本课程”的研究。常丽华的“小蚂蚁教室”，韩兴娥的“海量阅读”，丁慈矿的“对课课程”，周其星的“三叶草故事妈妈课程”，钱峰的“戏剧课程”，刘发建的“名家读本周课程”，刘敏威的“小红楼课程”“小西游课程”……

祖文的“阅读教室”，也是这些课程的典型代表。

祖文的公开课上得很有特色，但远不像一些名师的课上得那样漂亮。祖文告诉我，他的公开课从来不试教，他不在乎自己的课是否能赢得满堂喝彩。他的公开课，灵感大多源于平时给班里的孩子上过的一些课，他想看看其他班级孩子呈现的学习状态，与自己的班级相比有什么差异，以及对自己今后的教学有哪些借鉴意义。其实，祖文更想用自己的实践给一线教师传递这样朴素的信念：教师，要把大多数时间用于建设属于自己的课程，而不要花太多时间研究一节课怎么上。

那么，祖文的时间都花在哪里了？

每年的寒暑假都是大部分教师修身养性、休闲的时候。祖文却没有这样，而是反反复复地纠结于他的“工作纸”。

常常在他的微信上，看到这样的字样：“经过半个月的纠结，今天，终于把所有的工作纸都搞定！”我曾经很好奇祖文的工作纸为何需要花半个月时间来做，后来，终于看到了祖文带给我的厚厚一叠工作纸。这工作纸，是教学计划，是备课本，也是学生的学习单，祖文把这三者巧妙地融合在了一起。别小看这工作纸，工作纸是对“用教材教”“教师是教材的二度开发者”的生动诠释。

很多时候，我们习惯于责备教材的不完美，却很少有教师想着自己去合理地利用与改造这些不完美。祖文平常比较多地接触台湾、香港地区的教科书，了解他们的语文课程，他深知各地区语文教育科学机构都有着各自的特色与不完美。他没有义愤填膺地抛弃教科书，而是充分尊重编者的劳动成果，将教科书进行合理化统整。

祖文的时间，还花在记录“我的阅读教室”上。

只要你关注祖文关于“我的阅读教室”的文字记录，你就会惊叹于祖文的韧劲和真诚。一两天，一个月，坚持做一件事不难，难的是，几年如一日，日不间断。更让人佩服的是，他不仅会记录成功的案例，也记录失败的片段。一般的书写者，往往喜欢记录鲜活亮丽的一面，不愿意把失败袒露给他人，但祖文没有这样，他把整个探索的过程都真实地记录了下来，他深知，记录是为了反思，为了做得更好。也因为及时记录，真诚反思，这些年，祖文的不少案例、随笔、论文，发表在了各类杂志上。他也成了《小学语文教师》杂志的封面人物。

课程，改变了祖文的成长方式，让祖文成为接地气的“草根名师”。

阅读教室，改变了学生与教师的成长方式，带给更多教师以深刻的启迪：教师，要专注于自己的课程建设，在师本化课程中促进师生的共同成长。

专注于自己的课程，教师要不断修炼自己。教师要爱读乐写，提升自己的语文素养，做到举手投足皆是语文。

专注于自己的课程，教师要善于隐藏自己。教师要甘愿做一个“笨笨的人”，藏起自己的锋芒；要做报春使者，俏也不争春。

专注于自己的课程，教师要努力寻找自己。教师不要过多地克隆名师公开课的一招一式，要更多思考自己有哪些优势，可以开发怎样的课程，孩子们可以从课程中获得怎样的教益。

专注于自己的课程，教师要静心守住自己。教师要善于“咬定青山不放松”，自觉地警惕浮浅的热闹与速朽的流行，“板凳甘坐十年冷”。

我坚信，像祖文这样心无旁骛，潜心地专注于课程的教师一定会越来越多。语文教育未来的希望，也许就在这些甘于寂寞的草根教师身上。

是为序。

张祖庆

2014 年 12 月

目　录

第一章

开启阅读教室的大门

第二章

打造神奇的阅读教室

第三章

专注学习习惯的养成

第四章

潜心阅读素养培养体系

第五章

漫游于阅读课程

第六章

攻克词语过关课程

第一章

开启阅读教室的大门

有人说：教室就是教室，加上阅读是对其的窄化。

有人说：阅读太具有指向性，其他学科该如何处理？

也有人说：阅读教室太过普通，没有多少辨识度，可以加幸福、生活或是别的修饰词。

或许，我只是想让阅读立于教室之前，让它表征化，让阅读指引着课程，让阅读渗透到教室的方方面面，从而浸润孩子的心灵。

曾经迷失的岁月

我曾经很苦恼。苦恼我的教学热情与学生对语文学习的兴趣低落之间的巨大反差。偶然间，我听一个毕业的学生说："我们李老师非常强势，他的课不听都不可以的，我的成绩就是这样被逼出来的。"曾经我也在不同届学生中做过学生对于学科兴趣的调查（非我亲自出面），体育、计算机两门学科永远都排在前两位，而我任教的语文则在后三位徘徊。细问学生："为什么我的语文学科有时可以排在数学与英语学科之前?"孩子坦率地说："你还好了，上课还比较幽默!"看来是我自身的缘故，而非学科课程的缘故。对于这样的回答，该笑还是该哭呢？总之，这种状态，让我苦恼不已。

我曾经很颓丧。曾经有那么一段时间，我自认为对于教学的追求就这样了，我已经可以上很好的课了，我可以让不少的孩子在我的"逼迫"下取得良好的学业成绩，还可以不用备课就可以轻松上课，当然还可以偶尔"生成"几节令人拍案叫绝的课例。可能更主要的是，自认为职称、荣誉已经遇到了"瓶颈"。教学的热情逐渐丧失，个人精力似乎开始向别的方面倾斜，比如，山地自行车、旅游等业余爱好。

我曾经很困惑。离退休的那一天还有整整 20 年，我是一个不懂变通似乎还有一些偏执的人，接下来的 20 年我将面对的是一成不变的环境，我要做职业生涯最后的"冲刺"吗？不知道我有没有足够的耐心与热情投入到作为职业的"教师工作"中。每念及此，都让我困惑不已。

我曾经彷徨与不安，却心有不甘。那段时间，纠结缠绕心间，整个人都困顿不已。虽然教学如常继续着，但做一点点事情都不是很情愿，会时不时地抱怨，会发脾气。自己对自己做的事情都觉得不满意，每做完一件事，都暗想不被领导批评就好，并不奢望表扬。

这一切都发生在 2009 年那个夏天之前，从那个夏天开始，一切都改变了。

千岛湖的觉醒

2009年5月的一天，校长把我叫到办公室对我说，学校要组织研究关于儿童阅读的课题，作为语文科组长的我必须要跟进这个事情，现在有个活动可以学习相关内容，学校决定让我去参加。

听了这番话，我急切地询问要去什么地方，什么时候去。校长告诉我，地点是千岛湖，时间安排在暑假，为期十天。我不由得窃喜万分，这是一个多么好的出去游玩的机会呀！于是对校长千恩万谢，并请校长放心，我一定将这个课题做好。“千岛湖”“暑假”“十天”，这些字眼充斥着我的头脑，这是一个多么好的机会呀，可以借机在浙江游玩儿一番，可以品品浙江的美食，可以再次观赏西湖，可以……总之，我相信这一定是一次非常令人难忘、令人愉快的“学习”（请允许我这个时候将学习上面加上引号）之旅。

但当我打开活动说明书的时候，却十分讶异，这个世界上还有这样的活动通知：

本班欢迎这样的老师报名——

（1）对语文教学有自我怀疑并寻求突破的老师；

（2）喜欢阅读和思考的老师；

（3）认同课题理念，在教学中积极实践的老师。

不建议这样的老师报名——

（1）课文上得娴熟无比的名师；

（2）抱怨语文教材教不完的老师；

（3）整天都想着如何对付考试的老师。

实在是太新鲜了，这种活动历来都是希望报名的人数越多越好，怎么还会声明哪些是受“欢迎”的，哪些是不要报名的，我顿时有些好奇。

当我将名字报到组委会后，在暑假来临前，收到一本叫作《全语言的全，全在哪里》的书，继而，我的电子邮箱收到一封名叫王林（当时还未听过著名的儿童文学博士王林老师）的人写来的邮件，邮件的内容是这样的：

《全语言的全，全在哪里》一书，大家已经开始阅读了吗？

依照研习班的内容设计，需要各位老师熟悉一些新的阅读理念，掌握一些新的阅读策略，并能够通过一些理论书籍的阅读不断完善自身。因此，赵镜中教授和我首先选取的是《全语言的全，全在哪里》这本书。书名有点拗口，是翻译的理论书，介绍的却是国外非常重要的一个语言教学流派——全语言教学。

这本书不厚，内容也不算艰涩，但相信会带给各位老师很多的冲击，如同当年我看完后带给我的震撼一样。阅读，带来观点的碰撞和更新，对孩子和大人都是如此。所以，我希望各位老师能在教学之余仔细阅读本书，并填写下面的阅读回应记录。这份阅读回应记录是赵镜中教授亲自设计的，旨在帮助各位老师抓住重点，并自我反思。

记住，你现在对自己的反思越多，暑期上研习班的收获就越多，开始阅读吧！

王　林

邮件的后面还附加了读这本书的"回应记录"：

附：

《全语言的全，全在哪里》阅读回应记录

第一章　全语言——发展语言较容易的途径

读完这一章，请你依不同维度，试着比较全语言的学习和传统的课堂语言学习的不同之处，并谈谈这样的差异带给你的冲击。

向度	全语言	传统语言学习法
学习观	由上而下（整体到部分）	由下而上（部分到整体）
教学目的		
教学重点		
教材		
自主性		
情境		
功能		

主要的冲击有哪些：________________________________

第二章　语言——是什么？为什么？

假设你要对全校老师做一场专题报告，题目是“语言的意义与重要性”，时间是二十分钟，请写出你的报告大纲以及大致的内容。（不超过350字）

第三章　语言学习——是如何发生的

如果要求你重新着手规划班里的读写环境，如果参考“全语言教学”的观点，请说明你将选择规划的方式与重点。

第四章　学校——从“全语言教学”的观点来谈

这一章的内容除了说明理论基础外，也说明了全语言教室的面貌。这些观点中哪些是你可以接受但目前做不到的？哪些是你可以接受，而且也在做的？哪些是你很想尝试去做做看的？

第五章　全语言的“全”——是什么使它“全”？

第六章　发展读写能力——全语言的整体实务方法

这两章提到了全语言的原则与完整性，以及如何借全语言的整体实务方法，发展学生的读写能力。请以过去的一个语文教学设计为例，试着进行修改和调整，让它符合全语言的精神。

第七章　语言学习的补救方法——自我价值与读写观的重建

你在班上如何协助学习意愿低落或是学习成绩较差的孩子？试说明之。

第八章　全语言的现状——世界各国的实施情形

第九章　全语言教师——全语言运动中心的关键角色

读完了这本书，你是否愿意成为一位全语言教师？请说明愿意或是不愿意的理由，或是本书吸引你的地方。

随后，在我到达这个叫作“全国首届‘班级读书会’教育骨干培训班”的培训班之前，陆续收到一个叫作“宋旭”（相比王林，宋旭这个名字更陌生）的人发来的短信，希望每位学员开始培训时能够携带一张关于儿童阅读类型课的光碟。我当时想，名也报了，书也读了，那就顺便录一节课带上吧，但是那时的我，读过的童书确实很少，于是选择了这样一节课来录制——《我不喜欢的书》。现在想来，连自己都觉得哭笑不得。

“各位老师——我们即将开始魔鬼训练——”宋旭在手机上的留言让行

前的我几乎要笑出声来。魔鬼训练？教师研习＝魔鬼训练？

可是，真正开始这段研习营的经历时：

“我们的人到齐了吗？我要开始了，我估计我的时间不够……”李玉贵老师的话听起来很有意思。我想，没有必要这样认真吧？我们是来研习的，是来研究学习的。

“台湾的孩子让我们感觉有点笨笨的……所以我们在教学上就是……”李玉贵老师思考问题的角度有点意思。

“在台湾我自己的学校里，我一般是这样做的，因为我有一段时间是教七个班……”七个班？教语文？这——一种震惊油然而生，其中也有疑问。

咦？怎么这位老师的课件中有这么多孩子上课的照片？难道？

“我有个习惯，总喜欢把孩子的点滴都拍下来……”

这是怎样的一位老师？好奇心驱使我仔细地聆听着她说的每一句话。

“玉贵老师，你们组怎么还没有下课？五点三十分是晚餐时间了！”等到赵镜中教授的身影出现在门口时，已经是下午五点多了。我心中暗想，五点多了吗？从两点开始上课，现在已经过去了三个多小时？我竟然没有去抽支烟？两个小时都没有去抽一支烟？对我来讲，这真是奇迹呀！

这样的老师很有意思，很有特点，究竟怎么回事？再回头看看自己的记录本，真是不可思议，说句实在话，这么多年我都没有写过这么多字了！

以后的日子里，我就像一个孩子一样盼望着下午的小组研修。

（特别注明：赵镜中——时任台湾小语会理事长，第一届千岛湖儿童研习营课程设计者之一；李玉贵——台湾小语会理事，第一届千岛湖儿童研习营实作导师之一。）

接下来是单元主题设计、问题的创设原则与实作、讨论的设计、儿童读本的尝试，内容丰富而紧张，我完全被玉贵老师的教学魅力征服了。

不知不觉中，我开始喜欢跟她交换意见和想法，倾听她的教育故事。我得知她每天早上都跑2000米，晚上跑4000米；得知她利用暑假骑单车环行台湾；得知她生宝宝的目的——两个人生活太单调了；我还知道，她每节课都会准备DV拍下上课实况，用相机拍下孩子的点滴，包括表情和表现；得知她每天晚上都会等到家人休息后再看一遍录像，并会认真地写反思；得知她的教案都是生成性的。

后来，有一件小事更加让我震惊。因为临时需要调换房间，我们小组的倪老师跟玉贵老师同一个房间，她悄悄告诉我们：玉贵老师一个晚上最多睡了两个小时，还是趴在桌子上睡的，因为她要根据我们的实作情况临时改变授课的教案。

随后知道的消息更让我吃惊，玉贵老师在千岛湖的七天里，睡眠的时间总共加起来不超过二十四小时。震惊！震撼！已经实在想不起来还有什么词语可以形容我当时的心情。

试想：如果是我，我能做到吗？反思自己这么多年有过几次一天睡不到四个小时？什么时候连续这么长时间如此拼命过？为什么自己的研究一直没有进展？

感觉自己似乎突然感受到一些东西，似乎先前的颓废和随意的心情一扫而空，似乎一瞬间重新找到了前进的动力，似乎明白了自己该如何去做，似乎为专业成长找到了源源不尽的动力，似乎一瞬间明白了好多的事情，也瞬间收获了很多。

我不明白玉贵老师为什么会有这么大的动力，但我深知，能成为她的学生实在是一种幸运，我做她的学生只有短暂的七天时间，最后我才明白：她的动力源于对学生需求的深切关怀，对学生成长的深切关注。无论是对待自己班级的学生，还是我们这些参加培训的“学生”，她始终一视同仁。

回到深圳后，我仔细阅读玉贵老师留给我的一些文章，更为她深深地折服。

1. 她的关注点始终在学生身上，她不断地调整自己的教案，不同的班级使用不同的教案。她的教案基本上每份都有三十多页 A4 纸的量。

2. 她的论文的出发点始终集中在对学情的研究上：学生需要学什么？学生想怎么学？学生在学习上有什么困难，该如何克服？学生为什么对某类文章感兴趣或不感兴趣？这些都是她的研究方向。

3. 仔细看她的教案，一直都是生成性的，也就是并非一次完成的，而是根据不同的情况，做了明显的调整，同时，她的反思也体现在教案的每一个环节。

从玉贵老师身上，我不得不反思自己的专业化成长。

1. 我也要有热情，我也要有发自内心的动力。我不止一次地跟玉贵老师细聊，可以感受到她瘦小的身体里迸发出来的那种对教研的激情。我也终于承认，我没有她那种激情，不知道是生活得太舒适还是被生活磨平了，总之，差距实在太大了。

2. 我们应该勤奋，应该有执着思考的精神。玉贵老师的天赋是不是比我们好？她的悟性是不是比我们高？也许我们接触时间不长，在这方面我不敢断言。我敢肯定的是，她真的很勤奋，我总是听到她说这样的话：“我有很多好的教案和很多好的电子版的儿童故事，你们如果想要，必须跟我交换，一份教案换一份教案，一个故事换一个故事，为什么呢？因为我的教案和故事都是在别人看电视剧的时候自己一个字一个字敲出来的。”她还说：“绘本那么贵，我不可能让孩子们每次都去买，那怎么办？我就把书从图书馆借回来，我一字不落地敲出来！”其勤奋可见一斑。大多数老师，包括我自己，又有几人可以做到长期如此？

3. 我们要科学地分析和看待教学中出现的各种问题。从玉贵老师的文章中我可以明确看到这一点，她的文章没有刻意着眼于大的问题，反而都是一些小的发现、一些小的问题，再从中延伸开来，做一番深入而科学的研究。

总之，一股说不清道不明的力量从此开始就在我的身上涌动。回头再看自己的教学，我不得不说，需要认真审视的地方太多了，仿佛我从这次千岛湖研习营开始觉醒了。

这就是千岛湖研习营给我的，我时常对人说，千岛湖研习营，赵镜中先生、王林先生和李玉贵老师以及那个叫宋旭的人，不经意间让我的职业生涯开始转弯，让我走上了另一条属于自己的教学之路。

参加千岛湖研习营的几年后，我曾经写下两段文字聊以纪念。

千岛湖研习营是儿童阅读推广的一种特殊符号

到了第二届千岛湖研习营的第一件事，就是到处寻找第一届时的研习材料，我想保留那份记忆，也想在自己心中重温千岛湖研习时的传统。虽然这个研习营才办到第二届，说到传统，似乎还为时过早。但第二届研习营结束后，我终于深感欣慰：千岛湖研习营的传统真的延续了下来。

至于“千岛湖”，我想这个名称仅仅是一个“符号”，以后，未必每一次研习都会在千岛湖举办。之所以第一届研习营选在千岛湖，也许是为了对应台湾的“日月潭”，包括后来的“两湖论坛”，似乎都是为了对应台湾的“日月潭”。所以，从“千岛湖”和“研习营”这两个名称中都可以看出，这种培训模式中透露着浓重的“台湾元素”。

台湾是推广和研究儿童阅读较早的地区，有着与大陆迥然不同的推广理念与做法。他们受西方阅读理论的影响较深，但在赵镜中教授、吴敏而博士等领路人的带领下，他们的理念和做法已经很好地进行了本土化，并延伸出了极具台湾特色的儿童阅读推广之路。所以，千岛湖研习营中浓重的“台湾元素”，可以为大陆地区的儿童阅读推广提供良好的佐证，更能为目前受困于语文教学的大陆教师打开另一扇窗。

一、千岛湖研习营是一个大大的惊叹号

1. 课程的设计是精心的

如果单纯地关注科目名称，也许没有任何出奇的地方，但如果把两届千岛湖研习营的课程连起来看就会发现，很多的课程是经过精心的筛选和设置的，这似乎不仅仅是为了满足推广儿童阅读的需要，更多的是切中了目前大陆小学语文教学的弊端或薄弱的环节。

第一届课程：“语文教学观念的重建和语文教材的教学”“阅读策略的教学”“阅读与思考”“提问与讨论”“优质的班级读书会”“从阅读到写作”“观赏图画书中的图画”

第二届课程：“儿童文学与儿童阅读”“从 PIRLS 看儿童阅读”“小说的教学”“班级读书会的营造”“绘本的阅读”“文学圈的理论”

从基本的“提问、讨论、思考、写作”开始，到专项儿童阅读的技巧训练，从单篇文章的教学到群体的阅读，再到“文学圈”的建构，所有的一切无不昭示着研习营的课程对小学语文教学短板的关注与尝试改变的方向。两届设置的课题名称看似有所区别，实质上却隐含一个螺旋上升的过程。第二届的题目少了第一届的基础性，但我们不得不注意的是，两届研习营相隔两年，教师对儿童阅读以及语文教学的理解也是有所变化的。可以说，每届的题目设置都是经组织者精心思考过的。

但值得一提的是其最有别于其他培训的内容：实作安排。它让学员可以在第一时间消化所学的理念，更深切地体会到新的理念对自己的冲击。

2. 研习营的管理是深思熟虑的

对于教师入营条件的规定，第二届与第一届有些不同，第一届明确提出了希望哪些老师来，不希望哪些老师来，看似简单粗暴，其实是希望教师能抛弃以往的理念，“清空”既往的认知，快速地投入对新理念的学习。

但是第二届却没有这样的要求，也许是基于这两年儿童阅读推广的实际情况来确定的。

但第二届比起第一届的不同之处更让老师难以适应：第一届只有学习与吃饭时是分组进行的，住宿仍对同一地区的老师进行统一分配，而且，第一届分组情况会提前印在研习手册上，不会让老师无所适从。但第二届的学员分配开始建立在学员必须读过一定童书的基础上，所幸并没有出现太多找不到饭桌的老师，说明第二届学员对童书的了解已经远远超过第一届的学员，这也侧面说明了，在课程设置方面寻求一些变化是必要的。

不变的都是留下来的传统：将同地区来的老师尽可能分配到不同的学习小组。

分组学习，也许就是千岛湖研习营有别于其他任何培训的地方。很多老师参加过不同的学习与培训，但是像千岛湖这样分班分组的培训模式是其他培训活动所不能比的。我们参加过的多数培训，都是以地区或者个人的形式来组织，并不具备相对紧密的组织形式。

以往的活动，我们基本上是在报到时接触会务组，或者是在拿发票的时候看到会务组人员。但千岛湖研习营的会务组人员却出现在培训的各个环节，这说明，研习营的会务组对学员的关注不仅仅在事务性方面，他们关注更多的是学员的种种反应，并据此适时调整着课程的设置与专家的讲座。

3. 研习营的气氛是向心的

研习营的种种设置，其目的都是为了增加每个学员的心理体验，都是为了让学员接受研习营所传递的理念。从小组设置，到小组游戏的介入，到讨论氛围的营造，到结营时的小组回顾，无不传递着这样的理念：我就是千岛湖研习营的一分子，今天是，明天是，未来更是。

二、千岛湖研习营是个未知的省略号

第一届到第二届，用了整整两年的时间，第三届是什么时候呢？我们无法预知，我清楚整个事情的前前后后，我知道组织研习营是多么不容易，但我仍然期待会有第三届，希望第三届研习营能够更早到来。

千岛湖是一段传奇吗？

如果是，

你我都是缔造者！

千岛湖是一段经历吗?
如果是,
你我都是亲历者!

千岛湖是江湖中的一叶扁舟吗?
如果是,
你我都是撑船人!

离别在即,
未来的一切都会变!
未来的路愿你我共同携手,
共度阅读的人生!

千岛湖研习营是一个未知的省略号,我真的希望它能无限延伸下去。

或许是受千岛湖研习营的影响太大了,那以后,种种困惑便由心生。

那些花儿·领悟·痒——千岛湖的记忆与纪念

最近几位朋友在一起的时候,总是会遐想:五年后我们会变成什么样?这样问的原因是我们回顾和遐想着五年前的千岛湖研习营到今天的研习营。今天的研习营更像是一个"江湖",是一个关于儿童阅读的"江湖"。不知不觉中,她已经融入我的生命中,即便你想与她分割开来,也总是会让我分不清到底哪个是千岛湖,哪个是我自己。

千岛湖研习营对我的影响,可能比其他人都要刻骨铭心。我曾经假想过,如果没有千岛湖研习营,今天的我会是怎样的?我不知道未来会如何,我也不知道千岛湖研习营的未来会怎样,也不知道我的身影会在千岛湖研习营存在多久。但今天,在离开千岛湖几日后,看见一些文章,看见关于千岛湖的种种,不由得想起一首歌:

那些花儿

那片笑声让我想起我的那些花儿
在我生命每个角落静静为我开着

我曾以为我会永远守在他身旁
今天我们已经离去在人海茫茫
他们都老了吧
他们在哪里呀
我们就这样　各自奔天涯

有些故事还没讲完那就算了吧
那些心情在岁月中已经难辨真假
如今这里荒草丛生没有了鲜花
好在曾经拥有你们的春秋和冬夏
他们都老了吧
他们在哪里呀
我们就这样　各自奔天涯

今年的千岛湖是第四届了，四届下来已经有多少行走在儿童阅读推广路上的同路人？有多少人受了千岛湖研习营的影响还在继续跋涉？在之前的几届我总可以看到的兴炬兄、晓瑜妹妹、佩莉姐几人，如今你们在哪里？可否继续同行？之前的同伴，你在哪里？是否还在关注并践行着千岛湖研习营的理念？

研习营的种种：提问、文学圈、鹰架、阅读侦探、讨论……研习营的方方面面：实作、论坛、讲座、论见、烛光晚会、回顾……离开了千岛湖，我们还能记得多少？我想，如果能记得“改变”，就说明这样的研习营已经很不错了。

改变都是痛苦的，也不会是主动的，因为我们已经习惯当前，因为“都老了吧”，可是“荒草丛生没有了鲜花”，即便再有十天，“有些故事”还是不能“讲完”，“那就算了吧”。好在我们“曾经拥有你们的春秋和冬夏”。

领悟本来就是一种痛苦，是一种对自我的否定。每年的千岛湖研习营又何尝不是一种痛苦的煎熬，何尝不是一种自我否定。但世上之事往往否极泰来，理念往往就会在这里重生。

每次的自我否定，都是从千岛湖研习营的不同伙伴的鲜活思维中得来的。与大家交流后，才会觉得自己每次讲的东西都有很多的问题，似乎只有在这里才会发现自己的不足之处。这种撕裂感不是任何时候都会有的，因为更多的时候都会觉得自己很有想法，很成功；这种撕裂感不是那么自然而然，不是那么让人舒服，不是那么心甘情愿，那是一种迫不得已，那是不得不让你撕裂，不得不让你把理念的偏颇处活生生展示出来的撕裂感。只有在千岛湖研习营，才会让我感觉到卑微，感觉到自己的渺小，只有在这里才能意识到，我只能继续走在路上，还要做更多的事情，要更加低调才可以，也觉得不能再浪费一分一秒才可以。

但在这里，这种撕裂，不是痛苦，而是动力。在这里，这种撕裂，没有泪水，只有继续上路的勇气。

有人说，婚姻有“七年之痒”，但作为一种研讨模式，千岛湖研习营的另类之“痒”似乎也展现在了我们面前，无论这群人多么孤傲，对其他事情多么不屑一顾，但总会像歌词里面唱的，“希望别人欣赏、等人与之共享、懂得吟唱、有人为之绽放”。

说起儿童阅读的“江湖”，已经得到越来越多人的认可，在某个层面上，如果不谈儿童阅读，似乎就不是一个具有广阔视野的语文老师了。我曾在不同的地方，不同人那里听到“千岛湖”这个字眼，似乎一谈到儿童阅读，谁都不能避开它，千岛湖研习营的地位显而易见，且越来越有其独特的地位。

但千岛湖研习营的未来，似乎还缺少很多东西：属于她的独特的操作手册，属于她的真正的精神内核，属于她的大范围的实体教室，属于她的种种理论层面的支撑，当然，还有属于她的种种传说与符号……

正如千岛湖研习营的创始人之一宋旭先生所言：千岛湖不是一个人，或者几个人的盛宴，她是一群人的盛宴。

所幸，这次的困惑，并不只是思想上的纠结与煎熬，而是来自于现实的教学现场，它让我发现了自己的局限，正如我所说的：提问、文学圈、鹰架、阅读侦探、讨论……研习营的方方面面都让我觉得以前似乎被困住了手脚，我必须改变目前的教学现场——教室的状况。这时，赵镜中先生提出的理想教室的想法给了我更多的启发。

“探访”给我的启示

每年的寒暑假前都有几天特别忙，历届教过的孩子有很多会回学校看我，美其名曰“探访”，其实就是想回到曾经待过的母校，感怀曾经学习的岁月。

可是几乎每次孩子们都是尽兴而来，败兴而归。因为他们想找寻的是曾经留下来的痕迹，现在却几乎“无迹可寻”，就算他们曾经在某张课桌或者某面墙壁上留下“到此一学”的字样，也都在校舍维修时消失了。每次跟孩子们见面，不是在办公室就是在走廊，客套地询问着他们的学习情况和生活情况，我无法尽一己之力为他们呈现出曾经留下的痕迹，对此，我总是引以为戒，总是很尴尬地安慰他们。可是，等他们走了之后我总会想：我们为什么不能给他们留下些什么呢？

如果有这样一间教室，可以将这些“足迹”，甚至是“痕迹”留下，对于曾经在这里学习的孩子来说是多么弥足珍贵啊！或许我和孩子们就都没有那些遗憾了。

每当接手一批新学生时，我总会跟孩子们细数历届学生的“优良传统”，但即便我再口吐莲花，也不能将他们彻底带入曾经的情境中。一届复一届，届届如此，届届有遗憾。学生们都很迷茫，为什么老师总是不厌其烦地说他的前几届学生如何如何？其实我的心里更加郁闷，为什么我说了这么多，孩子们还是不明白呢？

因此，学生的“探访”让我有了更深层次的想法。

我要有一间自己的教室，记录孩子们的足迹，也记录我的足迹。

做个“笨笨”的老师

最近一段时间，有些事情让我开始反思：到底该做个聪明的老师，还是做个“笨笨”的老师？

事件1：我到深圳后带的第一届学生高考之后回校来看我，他们中有保送清华大学的，也有保送浙江大学、北京外国语大学等高校的。通过考试考上的有人民大学、厦门大学等国内名校。那个班里的学生，还有20几个考上了美国、加拿大、英国的名校。而这些学校，都是我学生时代梦寐以求的。

事件2：我从教以来教的第一届学生中有一个现在在深圳的一家国有大型企业工作，待遇是教师工资的两倍还要多，并且他即将被公司派遣到法国去深造。

这样的事例每个老师都可以举出很多，这并不是偶然的。也许在我选择职业时，师范专业还很热门，还可以吸引到一批考分比较高的考生。但即便如此，当时的分数也无法与一流的重点大学相比。

反过来想，其实在我们教的历届学生中必然会产生新的北大或清华的学子。想到这些，我不由得汗涔涔了！对于我们的学生来讲，教师充其量就是“先闻道”而已！青出于蓝而胜于蓝，我们又哪里敢自称为“聪明”的老师呢？

回顾一下自己的教学历程，尤其感到自己真是聪明得很，聪明到仿佛课堂教学中只剩下了自己！

在2011年6月3日的一个阅读论坛上执教《又丑又高的莎拉》时，我给孩子们留下的问题是：我在读的过程中都在哪些地方停顿下来了？为什么？我为什么又会继续读下去呢？当我将这些问题抛出去后，学生开始阅读。然后，我让学生从这三个问题出发来汇报自己的想法。没想到课堂竟然冷场了，没有一个学生举手回答。课后，我一直抱怨自己：可能是这个班的学生不适应我这样的提问方式吧；可能是这个班的老师从来没有这样训练或者提问过吧；或许是这些学生习惯了教师的暗示，面对太直白的问题无从下手吧，等等。但我唯独没有想过，是不是我自己在某些方面有问题，才导致学生无所适从呢？

回想起来，也许当时我是想关注孩子在阅读过程中产生的问题，希望传授给孩子一些我自己的策略，我太想当然地认为，学生一定可以理解我的想法；我觉得学生一定可以跟上我的思路。但我恰恰忘记了：我是一个成年人，我在用成年人的思维去考量儿童的思维！

林林总总，自以为聪明的事情干了很多！

后来惊觉，要学会做一个“笨笨”的老师，才能让学生跟上我的步伐，那么，应该如何让自己“笨”起来呢？

一、不妨让我们的提问“笨笨”的

传统的提问方式往往遭人诟病，似乎教学中的问题都出在了“提问”上。但“提问”又何罪之有？“一问一答”何罪之有？原来，错在“问”的人身上！其实，无论从哪个角度来讲，“提问”都是很好的教学策略之一，我们只需关注“问”的是什么，以及“答”从何而来。

想让“提问”笨起来，我们不得不注意以下几个方面。

1. 让初始的提问变得平缓，让提问来源于学生的生活，来源于学生的困惑，让学生对提问没有恐惧感，充满安全感。

2. 在单位时间内尽可能让提问少一点，最好集中一些，目标更清晰一些。就像台湾陈鸿铭老师教学的儿童哲学思辨课《森林大熊》一课，一堂课中的问题只有一个：熊怎么证明自己是熊？真是简单而凝练。

3. 问题尽可能少留暗示，尽可能让答案更加多元化！

二、不妨介入讨论汇报时“笨笨”的

也许是受到“愉快教育”多年的影响，也许是受到西方“成功教育”的启发，现在我们的课堂上充斥着“你真棒”“你好厉害”“你真是个好孩子”“你的回答让我好满意”等鼓励的话语！

固然，这些话语给了学生更多的信心，给了他们更多敢于表达的勇气，让他们觉得“我也可以做得很好”，或者“我也可以跟别人一样棒”。但有时原本的“讨论汇报”往往会因为教师某些鼓励性的话语，而成了另一种形式上的“一言堂”，学生的感觉是敏锐的，他们往往无意识地朝着教师暗示的方向去思考、讨论和汇报，也会避开老师不喜欢的方向。所以我们经常可以看到这样几种现象。

1. 汇报课上，许多学生会顺着第一个受表扬的学生的思路继续往下发展和延伸，到最后，所有学生说的都是问题的同一个方面，或者都是从同一个角度出发考虑问题。

2. 第一个受表扬的学生结束发言后，其他学生就不再汇报交流了。因为他们在骨子里认为，虽然跟其他人的意见不一致，但别人受到表扬了，自己的想法可能就是错误的，说出来可能会受到批评。

综上分析，教师在介入学生的“讨论汇报”环节时，也不妨“笨笨”的，试着去做到：

1. 不在讨论交流的过程中评价优劣。

2. 尝试延伸学生的意见与想法。

3. 尝试从学生的对立面展开新的思辨。

4. 试着引导学生采纳别人的观点。

总之，我们不妨像陈鸿铭那样，将自己在讨论中的角色定位为交警、乐队指挥、教练和顾问。

三、不妨让我们对教学效果的感知“笨笨”的

课堂上，我们会对一节课做一个总结或提升，我们很关注学生的掌握程度。甚至在有些学校，听完一节课后，为了体现对教学效果的考量，教师竟不惜以试卷、调查问卷的方式来进行考查。不知道这样做是否真的能让课堂更有效，但必须要清楚的是，有些学生对一节课的回味是敏锐的、迅捷的，但也有学生对课堂教学效果的领悟是延迟的、滞后的。无论如何，一节课都会给学生留下一定的印象，或好或坏。有时候，我们不妨尽可能为教学效果的感知留一些空间，让学生感觉老师笨笨的。

课堂上的知识传授的效果会被不同学生在不同时间呈现出来，但一定要及时让学生回顾学习的过程，考量知识得来的过程，且一定不能是教师来代替或梳理，应该让获得不同知识的学生从自己的角度去考量。在学生

的心里，他们会觉得老师笨笨的，不能帮他们梳理，于是，就只能寄希望于自我梳理与领悟了。在这个过程中，教师就是一个引导者的角色。

其实，有时候做个笨笨的人，反而会得到更多人的帮助。做个笨笨的父母，也许就会有很能干的孩子；做个笨笨的老师，也许就会有特别聪明的学生。

学校、教室，都是学生每天花费时间最多的地方，作为一个不断成长的人，他们总是在不断犯错中逐步成长。学生“不断犯错”，成年人总是看不顺眼，总是想说教一番，其实这样可能更加不利于孩子的成长。因此，我希望打造一个能让学生感觉舒适、安全的环境，在那里，学生能够得到能力的锻炼，能够获得安全感，能够得到包容，最重要的是，能让他们从从容容地生成和面对这个阶段不可避免的错误。

以上种种：我的个人困惑、千岛湖研习营的启示、往届学生的“探访”、课堂上的“专有化”与“传承”，关于“笨笨的老师”的思考及“放任学生犯错”的冲突与纠缠……对这一切的反思都促使我产生了一个想法——我要有一间特色鲜明的教室。虽然“阅读”如呼吸般自然，却可以代替空洞的说教，所以，有必要成立这样一间以“阅读”为媒介的教室。

我希望这间阅读教室是建立在常规教室的硬件改造基础上的，以开发配套的“阅读课程”为目的，是融合提高学生综合素质的实体教室与课程开发理念的综合体。希望它是对阅读教室中合适的硬件配置的探索以及与之配套的“阅读课程”的开发。

所幸，在宽松的、提倡创新的福田教育大环境下，在园岭小学“敢为人先，追求卓越”的小环境的滋养下，2012 年 9 月，阅读教室得以在园岭小学开启它的历程，我的幸福教育历程也开始起航，之前的种种纠结与困惑也都成为过去，成为了历史。

第二章 打造神奇的阅读教室

有人曾经问我，阅读教室是不是就是“阅览室”？

也有人问我，阅读教室是不是在上阅读课的时候才使用？

还有人问我，阅读教室不就是硬件做得更美，做得更好吗？

也许任何想法都有之，但真正的阅读教室却不是这样的，它是在原有教室基础上为适应阅读课程而做的有限升级与改造。

阅读教室初具形态

2012年5月，基于多方面的考虑，我向学校提出了成立阅读教室的申请，当时有诸多设想。

一、阅读教室提出的因由

“教室文化”是最近一两年才出现的一种特有的教学文化，是教师教育教学理念的一种具体体现。

从美国雷夫的“56号教室”到港台地区的教室专有文化，都延伸出了特色的教室文化。因此，基于对教室的理解与教学现场的实际需要，我感觉，目前教室的设置与变化已经无法满足我的教学要求了。

教室文化还具有极大的传承功能，包含着自主教育的成分。如果教室能够固定下来，能够为某个教师所专有，则可以形成有效的教育教学传承体系。到那时，每届的学生都可以从上届或者前几届学生留下的记录中获得传承，从而达到自我教育、自我延伸的目的。

而阅读教室是基于阅读的需要，基于培养学生阅读素养与阅读能力的目的而设置的，它使教室文化更具有指向性与目的性。

二、阅读教室的硬件配备

1. 关于教室的面积

阅读教室需要突破目前常规教室的面积，设置相关的展示板、阅读区以及书包等学具的摆放区。

2. 教室的硬件配置

（1）需要有多于常规教室的电脑等电子阅读设施，我的初步设定是除了常规的电脑设备外，还需要另外配备3至5台电脑，如果条件允许，设置教室局域网为最佳，这能为以后的掌上电脑阅读做铺垫。此外，教室的投影设备如果是大尺寸的液晶电视最好。

（2）教室阅读区的配置。在教室里除了黑板区域外，希望能依墙设置简易书架，颜色尽可能为淡绿色。

（3）教室展示区的配置。这个区域是为记录教学历程做准备的，既为教师的学习布置留下空间，也为学生的自我学习过程与成果记录做准备，因此，需要大量的展示板，既要有固定的大型展示板，又要有活动的小型展示板。这是极其重要的一部分。

（4）教室的固定与方位的调整。出于布置需要，最好是一间固定的教室，不会因年级的调整而改变。为了便于实际教学，目前大多的教室朝向为——教室内较窄的一面为黑板的位置，如果条件允许的话，可将黑板的位置调整到教室较宽的那一面。如果条件不允许，可暂时不做调整。

（5）阅读教室内的桌椅要有别于常规的一人一桌，要有利于学生的小组合作与讨论分享。日常的呈现方式为“小组式”围桌讨论，所以课桌要利于合并与拆分，椅子如果能够设计为可随时转动的最好。

（6）未来教学的许多课程都是自主开发课程，如果能够配备相应的打印与复印设备最佳，如果条件不允许，可以忽略。

3．教室的软件配置

（1）阅读教室的课程设置。以通用教材与自主开发教材相结合，四年级以通用教材为主，自主开发教材为辅；五年级则是通用教材与自主开发教材各占一半；六年级以通用教材为辅，自主开发教材为主。

（2）课程设置理念初设计。通用教材以单元统整的教学方式为主（非目前流行的单元主题和单元整体教学）；自主开发教材以“文学圈”模式教学。

（3）班级管理理念。以“班干部轮换制”为表征的“尊重与平等”教育为理念。

（4）课型设置理念。以遵循国际上流行的专有课型设计为主，包括背默课、表达课、阅读课（分阅读技能课、阅读统整课、班级读书会、自主阅读课、阅读分享课等）。

（5）阅读区软件配置。① 图书配置：一部分希望学校能够给予专有配置（大概一次性投入价值 2 万至 3 万的图书量）；一部分来自于往届学生的捐赠；一部分来自于使用学生的捐赠；一部分来自于家长的自愿捐赠；一部分来自于各个出版社在教室设置的“出版社阅读专区”。② 阅读分享卡，需要专门设计与配置。③ 电子图书的准备：一部分来自于学校的投入；一部分来自于教师的自我开发；一部分来自于出版社的捐赠。

（6）作业的设置：体现个性化的设计，进行有针对性的布置，主要以“工作纸”模式进行。

以上只是初步的思考与规划，未尽之处，在实施过程中再进行补充。根据现在的教学现场实际状况看来，将其与当初的申请计划书比较差别不是特别大。

这一切都源于赵镜中先生的一篇文章——《童书如何进入教学现场》中提到的“阅读环境的营造”。先生在文章中如此叙述：

阅读环境与氛围的营造，对提升阅读的兴趣有决定性的影响。是故，如何善用班级教室有限的空间，规划出舒适而又方便的阅读环境，考验着教师空间规划的能力与根本的教学理念。

阅读环境的营造可从两个方向来思考：空间的规划与书籍的陈设。关于空间的规划，班级教室里可以区隔出若干不同功能的角落，透过适当的动线安排与美化（如插一朵花、铺上桌巾），使原本呆板的教室呈现出多功能而又舒适的阅读环境。其次是有关书籍的陈设，书籍陈设应以方便学生取用为原则，并可依不同的目的和功能对书籍做适当的分类，吸引读者选择性阅读。

照此原则，有关阅读环境的营造，可做以下几点具体建议：

① 班级图书来源

教师长期的收集；

学生每月提供班级共用的书；

图书馆借用的书。

② 出版书讯及电脑网络的设置

给学生推荐优良读物或新书资讯。

③ 主题区的设置

除一般书的陈设，还可依作家、画家或配合教学主题和概念设置主题区，还可陈列图书、录音带，或进行新书介绍。

④ 读者剧场的设立

为阅读者创造发表、对谈的机会，可不定时设立读者剧场，让读者以各种方式呈现和表达自己的观点与想法。

⑤ 学生作品展示区

形成“教室是学生表演的舞台”的观念，充分利用教室空间，给学生提供展示自己的作品或创作成果的平台。(不必要整齐划一，避免单调)

我想，我自己的阅读教室的硬件设置需求，潜意识里应该是受到了先生的影响，两厢对比，就有特别多的相似之处。不过，或许先生更多的是根据台湾的教室现状所拟的命题，而我则是根据大陆的教学现状做的适宜的设置，使教室在原有的状况下发生了较大的改变，甚至是一些“革命性”的转变。

阅读教室的硬件配置

由于名为“阅读教室”，所以，在硬件配备方面会与常规教室有所不同，它的显著特点在于：有众多依墙而设的书架（阅读区）、有作为展示分享之用的展示区、有方便讨论交流的围坐式桌椅（满足小组式学习需要）、有独立摆放书包和工具的私人物品区以及方便电子阅读的电子阅览区等。

目前，我的“阅读教室”现状如下图所示：

目前，孩子们在教室里上课的状态如下图所示：

对于目前阅读教室的状态，我基本上比较满意，因为它已经达到我要开设的阅读课程的基本需求。但如果说在硬件配置方面有什么缺憾的话，就有下面两点。

一、教室方位的调整问题

常规的教室方位如下图：

我们所说的方位以黑板的朝向来算，黑板位于教室的“窄向”位置上。而理想的“阅读教室”的方位应该是下图所示的：

上面所说表面上是黑板到底放在什么位置的问题，而其实质却是上课方式的问题，也就是教师到底是处于“高高在上”的位置还是“淹没”在孩子中间，在教学理念层面则是“教师教会学生”还是“教师与学生共同建构”的问题。当然也可以理解为教师到底是“传授者”还是“参与建构者”的角色。

在阅读教室建设的前期，这是我最为纠结的地方，且与学校多次协商而得不到解决。因为这牵涉到一个巨大的工程改造与通风采光的问题，因而不得不放弃。

其实，我一直以为这是“革命性”的要求，是“非分之想”。可是，当我走进香港的一些教室的时候，特别是在香港的“千禧校舍计划”指导下的学校时，我就发现其教室比较倾向于正方形，长宽比例接近4：3，而非我们大多数的长方形的比例。

难道他们的学校不考虑通风采光吗？难道我们的教室建设有建筑规范标准吗？我想，答案都是否定的。或许与黑板的材质与布置是有关系的，如果我们设计得巧妙一些，以上问题就会迎刃而解，但现状还是有些无奈，还没有更好的方式来解决。因而，在阅读教室的建设过程中，我只有将教师的位置设定在教室的中间以改变教师的角色定位。

二、教室的主题阅读活动区域

园岭小学的班级人数一直居高不下，在硬件配置方面，由于教室面积所限，“主题阅读活动区域”一直没有很好的实现，甚至都无法提到议事日程上，现在教室里能够摆下10个小组的课桌椅已经让我觉得很满足了。

赵镜中先生在《童书如何进入教学现场》一文中提及的“主题区的设置”问题一直让我很纠结，只能将其中提及的相关的东西上墙、上顶，但这又极大压缩了“展示区”的空间。

“阅读教室”的硬件配置就是这样，让我欢喜让我忧，不过也基本符合阅读课程的基本要求。

阅读教室的软件配置

相比于阅读教室硬件配置的缺憾，软件配置，也就是基本教育理念让我感到些许欣慰。硬件需要多个部门、多个方面的配合，也需要更大的经济支撑。软件则考查我这个“阅读教室”主持人的开发实力与底蕴。经历无数的纠结、煎熬与尝试，现在这套软件配置系统已经基本成型。

我一直认为，作为一间想让老师、让学生感到舒服的教室，硬件是一个重要的方面，而更重要的在于其基本教育理念的确立。可能这与我曾经参加过北师大的相关心理研究课题有关，或者也与我一直秉承的教育理念有关。没有任何犹豫与纠结，我直接将班级的基本理念确立为：尊重与平等。

“尊重与平等”，即在这间教室里，孩子、老师与家长都是平等的，共同享有同样的权利与义务。我们尊重孩子的需求，也尊重家长的诉求，这些都体现在了《班级公约》中。

附：

班级公约

第一章　总则

1. 为了建立一个民主的班集体，促进班级成员成为全面发展的小学生，特制订本公约。

2. 本公约服从教育法律法规，教育文件和学校的规章制度，是班级的最高行为准则。

3. 本公约所称班集体是指班主任、任课教师和本班所有学生。

4. 本公约经 2/3 以上成员同意即可适当修改。

5. 班主任与学生、学生与学生之间一律平等。

6. 班级要确定特色的体育项目。

7. 班级采用责任制的方式对学习任务和卫生工作负责。

8. 班级实行三种基本制度：（1）民主表决制，决定班级大事的主要方式；（2）班级排行榜，评价学生素质发展水平的标准；（3）班级裁判庭：处理班级争议的组织。

9. 鼓励学生参加各种兴趣小组活动。

10. 班级的常规工作。

每天完成三件事：（1）信息发布会；（2）体育锻炼；（3）写日记。

每两周完成六件事：（1）换座位；（2）通过抽签产生班干部；（3）对上任班干部进行信任表决；（4）评选两周内进步的学生；（5）评选本轮的优秀班干部；（6）评选两周内的优秀学生。

每学期完成四件事：（1）评选学期优秀干部；（2）评选学期优秀学生；（3）评选学期进步学生；（4）总结会。

11. 奖惩办法：奖励方法主要有表扬、加分、授予荣誉称号、颁发奖品四种；惩罚方法有赔礼道歉、扣分、做好事。

12. 班主任应遵守学校的相关规定。

13. 班主任应指导并帮助学生学会学习和生活。指导并协助班干部做好工作。

14. 各位老师可采用警告、扣分的形式维持纪律。

15. 班主任负责班级排行榜的制作和公布。

第二章　班干部

16. 班干部由抓阄的方式产生。

17. 班干部在信任表决中得不到半数支持的扣 5 分，获得半数支持的加 3 分，获得优秀班干部的加 5 分。

18. 班干部任职时间为两周，期间应分别提供上岗报告、中期报告、下岗报告。

19. 班干部的职责。

班长：（1）督促其他班干部做好本职工作；（2）召集并主持班干部会议（每周 1 次），宣布组织班中的各项活动；（3）安排每周五的班干部值日；（4）上下课喊“立正”和“坐下”；（5）处理班内纠纷；（6）负责班级的日常工作。

副班长：（1）在班长不在时代行班长职责；（2）督促同学做好课前的准备工作；（3）及时向班主任汇报班中发生的偶发事件；（4）检查同学是

否有不讲卫生的行为。(5) 安排每天信息发布的同学。

学习委员：(1) 负责收发作业本；(2) 检查同学作业完成情况，并及时督促未完成作业的同学认真补齐；(3) 给各组长背书，检查班中同学的背书情况并登记；(4) 给留下来的同学背书并登记。

体育委员：(1) 负责出操；(2) 停电时，给全班同学喊眼保健操口号；(3) 协助老师做运动员的集训工作；(4) 在体育课和其他活动时整队。

文艺、宣传委员：(1) 做好班里的领唱工作；(2) 音乐课整队；(3) 协助老师编排文娱节目；(4) 办好班级墙报；(5) 记载好人好事；(6) 保管报纸杂志；(7) 送广播稿。

卫生委员：(1) 督促值日生做值日；(2) 负责班级卫生场所的保洁工作；(3) 检查卫生；(4) 每天检查眼保健操。

第三章　学生和家长

20. 学生应当遵守《小学生守则》和《小学生日常行为规范》。

21. 学生享有监督权、批评权和申诉权。

22. 学生应当制订近期、远期目标并付诸行动。

23. 家长应当遵守《义务教育法》和《未成年人保护法》。

24. 家长应准时参加家长会，并行使监督建议权。

25. 家长应与各科老师建立适当的联系，便于全面了解学生的情况。

第四章　民主表决制

26. 遇到问题时举手表决，超过半数视为通过。

27. 表决时每人只需用同意、反对、弃权中的一种表示即可。

28. 班主任的表决态度可以不公开。

29. 表决通过的，由本期班长监督实施。

第五章　班级排行榜

30. 每学期开学后每个学生以 100 分起记。扣完为止，上不封顶。

31. 每学期最后一次排行榜前 15 名将给予表扬，同时作为评选优秀学生的依据。

32. 排行榜每两周由班主任公布。

33. 排行榜加分和扣分标准。

(1) 加分标准：① 各科测试成绩前三名依次加 10、7、4 分；② 获奖：获市级奖项加 30 分，获区级奖项加 20 分，获校级奖项加 10 分，获市级以上视情况加分；③ 发表作品：获市级加 30 分，获区级加 20 分，获校级加 10 分，获市级以上视情况加分；④ 获荣誉称号（如优秀班干部、优秀学生、进步学生等）视情况加分；⑤ 班干部信任表决中获半数以上人支持的加 3 分；⑥ 拾金不昧的加 2 分，其他做好事的视情况加分；⑦ 每承包一项工作同时出色完成的每周加 3 分；⑧ 与同学结成对子，并使其有显著进步的加 5 分；⑨ 积极主动参加社区义务劳动的加 5 分，以小组为单位比赛获奖的加 1 分；⑩ 任课教师可根据本学科需要加 1～3 分，或扣 1～3 分；家长可根据学生在家表现（如听话情况、作业情况、做家务情况等）每周加 1～3 分，或扣 1～3 分（周一早晨让学生交给老师，以便统计）。

（2）扣分标准：① 上课不专心，被老师点名批评的扣 1 分；② 缺课（请假除外，请假必须有请假条）每节扣 5 分；③ 迟到或早退（特殊情况需家长证明）每次扣 1 分；④ 在校期间讲方言扣 1 分；⑤ 骂人每次扣 2 分，打架每次扣 5 分；⑥ 使班级扣分的行为每次扣 5 分；⑦ 作业不及时完成或抄作业每次扣 2 分；⑧ 参与违法活动，进网吧每次扣 10 分；乱拿别人东西每次扣 10 分；⑨ 放学不按时回家每次扣 5 分；乱花钱发现一次扣 10 分，损坏公物发现一次扣 5 分；⑩ 待人接物没礼貌每次扣 1 分。

第六章　班级裁判庭

34. 班级裁判庭受理下列申诉：（1）学生之间有争议，小组长、班长调解不成的；（2）学生对班干部、班主任执行班务不服的。

35. 班级裁判庭由全体学生选举七人产生，另成立监审团（共 5 人）。

36. 班级裁判庭工作原则：少数服从多数，公开裁判。

37. 班级裁判庭工作程序：当事人申诉—证人发言—代理人发言—互相辩论—讨论并裁决。

38. 班级裁判庭依据：《小学生守则》《小学生日常行为规范》《小学规章制度》《班级公约》《小学班主任职责》。

附则

39. 本公约解释权归班主任。

40. 本公约自 9 月 10 日起生效。

这个《班级公约》有以下几个特别之处：

1. 班干部的产生方式与常规的有所不同。

2. 班级内针对不同事件的惩罚方式很特别。

3. 班级有争议的事情都是由“班级裁判庭”这样一个机构来解决的。

4. 班级内处理事情的基本原则是“少数服从多数”，连老师都没有资格去决定任何事。

从阅读教室开始组织的那一天开始，《班级公约》就开始实施了。期间经过了征求意见、修改以及实施的过程。当然，在四年级的整整一年中，也并非完全得到了实施，主要是根据学生的状况逐步实施。

在四年级的实施过程中，我们将“理念深植”作为目标，主要是让学生懂得什么是“尊重”和“平等”，让他们具备“尊重”和“平等”的意识，并开始在学习生活中注意。

回想四年级这一年的“理念建构”期，实施最到位的可能是“班干部轮换制”。班干部不再固定，每个学生每个学期都会被抽中一次，而且并不是想做什么就可以做什么，每个人都是被安排去任某个职位。这一切，都与我们传统教育体系中的班干部制度大相径庭。之所以这样做，源于我曾经参与过的课题，更源于我一贯以来的理念：学校就是孩子锻炼自己能力的地方，学校就是弥补自己短板的地方，学校就是容忍孩子犯错的地方。在传统的教育模式下，班干部由教师指定或通过竞选产生，都是发展“孩子的长处”，其实，在某种意义下就是让孩子从小就开始定位，这样反而隐藏了其劣势。实际上，学校既是张扬优点的地方，更是弥补短板的地方，甚至有时候我更看重学校的后一个功能。所以，阅读教室里时常会出现有体育特长的孩子担任卫生委员，或说话向来小声的瘦小女孩子担任体育委员的情况。

这样一个有别于常规的做法——《班级公约》，一个会引起争议的“班干部轮换制”，在实施的初期，一定是举步维艰的。现回放一下当时的教学日志（为保证教学现场的生动性和真实性，本书将以教学日志的形式再现当时的教学场景，后文不再说明）。

阅读教室　第1天

讨论《班级公约》，因为只有一节课，所以只给孩子解释了第一章节的内容，其余的要求孩子与家长共同完成。目的在于让《班级公约》在讨论过程中变为孩子内心的需求，更希望孩子们能提出自己的想法并修改条款，使固化的条款活化起来！这是对讨论方式的启蒙，也是合作方式的开始。

孩子的习惯养成是需要教师和家长来督促与检查的，通常在上午放学后，孩子们还是会忘记把凳子放到桌子下，但下午沟通后他们就完全可以做到了，真是可教的孩子！我把早读和下午的课前半小时都变成了自由阅读时间，虽然少了整齐划一的读书声，却多了许多默默的"小书虫"！设定书包区的目的之一是养成孩子做好课前准备的习惯，但第一天仍有不少孩子在铃响后才去拿书，弄得手忙脚乱。

阅读教室　第2天

孩子们已经适应了在早晨阅读，50多人的教室里静悄悄的，今天进行的是"讨论"的初体验，主要内容是将昨天亲子合作的对《班级公约》的建议进行汇总与提炼，具体要求是在组长的组织下，将每个家庭的意见进行汇总，原则是将通过小组半数人的意见由组长写下来呈交全班通过。这是第一次讨论的体验，难免还有许多不适应之处。

孩子们都很认真，讨论很激烈，但是缺少了聆听，更有意思的是，意见不统一的时候甚至会用"剪子包袱锤"来决定，对于"讨论"的初体验，也许结果不是很满意，但是毕竟已经有了开始，习惯与规矩都需要一步步来养成。有的认真的小组长，在之前可是调皮的"游离者"，所以组长不一定必须是能力强的孩子，稍弱一些的孩子如果有机会也可以做得很好。

在最初的实施过程中，固然有诸多的不适应。但在实施一年后，孩子们已经完全适应了这样的方式，班级的管理和班级的事务并没有因此受到影响。更让我感到惊讶的是，孩子们在四年级时开始尝试去做不同的工作，担当不同的职务，孩子本人或家长也没有任何意见，其实孩子的能力就是这样锻炼出来的。

如今，看着孩子们的"上岗报告""下岗报告"，我知道，他们已经明白了不同班干部岗位的职责。更重要的是，让孩子们懂得了，班干部是每个人都可以担当的，每个人都可以做好。这个过程其实就是最大程度的"尊重与平等"。

实施建议>>>

或许你看了这章的内容，或许你曾经听过我的讲座，也想拥有这么一间阅读教室。作为阅读教室的建设者，还有一些实施的关键点，对此，我想给予以下一些提示。

一、既然是阅读教室，必然要有多于常规数量的书籍，必然要有可以摆放书籍的书架

即便是不同地区经济状况有所不同，也同样要利用教室中可利用的地方设置书架。但需要提醒的是：书架的高度尽量不要高过窗台，一则为了孩子翻阅方便；一则出于安全的考虑。

要想建立一间阅读教室，教师应该通过不同的办法、不同的途径为教室找来更多适合孩子阅读，与现行教材体系配套的童书，并依据童书的多少，开始逐步搭建教室的书架。

我是幸运的，有学校、出版社以及家长的强有力的支持，所有的书籍以及书架在一个月之内就已完全到位，但在构建阅读教室的过程中，不是每个人都可以在短时间内得到各个方面的全力支持的。因此，对于书籍、书架的购置，需要一步步来实施。甚至可以利用教一届学生，甚至几届学生的时间来完善教室里的书籍与书架。或许今天，或许是这个月，甚至是这个学期，我们的教室只是多了几十本好的童书而已，然而这都是阅读教室的良好开端。只要始终记得：哪怕只是多了一本书，我们都已向阅读教室前进了一步！

二、既然是阅读教室，自然具有有别于常规教室的显性特征

（一）教室桌椅摆放的方式要有别于常规教室，要以“小组合作式”为主

传统的教室桌椅摆放方式远的可以追溯到私塾时期，近的则主要采取苏联的课堂模式。因为阅读教室特别注重同学之间相互讨论、交流、学习与建构，这必然要有特别有利于孩子讨论分享的桌椅摆放方式——“小组合作式”摆放。

或许是我追求特别明显的视觉效果，所以我跟学校争取，花了特别多的人力、物力特意打造的桌椅。那么，是不是每间教室都需要专门定做这样的桌椅呢？如果条件允许，重新定做当然好。如果条件不允许，可以将现有的桌椅按照一定方式拼凑成“小组合作式”。

其实，“小组合作式”不需要特别的定制，只要利于孩子讨论分享，学习与建构就可以，也可以在原有基础上，将原有的课桌椅进行“变形”。

（二）要有对学生成果或者关于学习过程的“展示区”

阅读教室重视对学生学习成果的展示，更重视对学生学习过程的展示。在我的教室里有一步到位的制作好的展示板，这是为了方便的缘故，也是学校花大量物力所给予的保障，同样，如果在实施的初期，不能得到强有力的外界的支持，我们可以利用一些简单的白板纸布置成展示区，将孩子们的作品粘贴上去，它起到的效果是一样的，我们不必纠结于是否有定制的展示板或者专门布置的展示区，甚至可以简化到直接将孩子们的作品粘贴到墙上。

三、班级管理理念的营造与转化是重中之重，这是阅读教室有别于其他教室的内涵特征

阅读教室的小组合作需要“尊重与平等”，阅读习惯的养成、阅读素养的提升等都需要遵循“尊重与平等”的理念。这是教师建设阅读教室需要特别花大力气并且需要花长时间去做的事情。

之所以给出以上几点提示，是因为这些都是在阅读教室建设过程中笔者曾经面临过的问题。初期，我曾经想过非常多的关于教室的这样或者那样的设置，但是经过实际的教学现场的检验后，我觉得以上三点是阅读教室建设的重中之重，应该说，如果具备了上面的三点，就可以称之为“阅读教室”了。我不反对阅读教室有更大的面积，有更多的设施保障，可以分隔出更多的功能区，但是作为普及类的阅读教室的配置，具备上面的四点就足够了，那样的话，我们自己也可以开心地称自己的教室为“阅读教室”了！

第三章
专注学习习惯的养成

有人说，习惯就是经过反复练习逐步形成的，不需要意志努力和监督的自动化行为模式。

有人说，养成学习习惯可直接推动学生进行学习活动的内在动力，又可直接转化为外显能力。

还有人说，习惯是老生常谈，总是那些大家都知道的，没有什么特别的。

但我想说，习惯是变化的，习惯是一种能力！

“习惯”，一直以来都是课程体系中大家极其重视的方面，也是大家公认的学生在小学阶段的重要任务之一。但是这么多年来，在我们的意识里，“习惯”的定义还是“经过反复练习逐步形成的，不需要意志努力和监督的自动化行为模式”。

而且，我们一直认为学生应该培养的习惯有：

1. 提前预习的习惯。
2. 细心观察的习惯。
3. 勤于动笔的习惯。
4. 质疑发问的习惯。
5. 勤查工具书的习惯。
6. 背诵的习惯。
7. 定期复习整理的习惯。
8. 认真书写文字的习惯。
9. 广泛阅读的习惯……

在《义务教育语文课程标准（2011年版）》（以下简称“新课标”）中也是这样来描述“习惯”的：

语文课程应激发和培育学生热爱祖国语文的思想感情，引导学生丰富语言积累，培养语感，发展思维，初步掌握学习语文的基本方法，养成良好的学习习惯。【课程基本理念】

培育热爱祖国语言文字的情感，增强学习语文的自信心，养成良好的语文学习习惯，初步掌握学习语文的基本方法。【课程总目标】

努力养成良好的写字习惯，写字姿势正确，书写规范、端正、整洁。【阶段目标第一学段】

学说普通话，逐步养成说普通话的习惯。【阶段目标第一学段】

对学习汉字有浓厚的兴趣，养成主动识字的习惯。【阶段目标第二学段】

能就不理解的地方向人请教，就不同的意见与人商讨。【阶段目标第二学段】

养成留心观察周围事物的习惯，有意识地丰富自己的见闻，珍视个人的独特感受，积累习作素材。【阶段目标第三学段】

养成默读习惯，有一定速度，阅读一般的现代文，每分钟不少于500字。【阶段目标第四学段】

这些都是新课标提出的，在不同阶段关于培养学生“习惯”的规定，它们散见于新课标的各个章节，并没有单独成章对其进行介绍与阐释。

下面再来看看台湾地区《九年一贯“国语文领域”课程纲要》（以下简称《纲要》）中对于学生“习惯”的要求：

《纲要》中注明，应着重培养的学习习惯有：

（甲）良好阅读习惯、思考的习惯，提出自己意见或想法的习惯。

（乙）使用字典的习惯。

（丙）养成主动阅读课外读物的习惯。

（丁）养成观察周围事物并写下重点的习惯。

（戊）培养写日记的习惯。

（己）养成书写正确、迅速、保持整洁与追求美观的习惯。

（庚）养成正确的使用和保管写字工具的习惯。

（辛）养成安静、仔细聆听的习惯，学会使用语言的礼貌；能养成随时乐于聆听不同媒材的习惯。

（壬）能边聆听、边思考；先想后说的说话习惯。

（癸）养成说话负责的态度。

略一看，似乎与大陆在这方面对学生的要求没有太大的区别，但是其在最后还有这样一句话——养成学习习惯可直接形成学生进行学习活动的内在动力，又可直接转化为外显能力。可以看出，台湾的课程体系已经将习惯逐步定位为能力，而不仅仅止于自动的行为模式。

让我们再来审视下日本对于“习惯”的要求。日本在最新的《学习指导要领》中提出了“生存能力养成”的概念，主要包括确实的学力、丰富的人性、健全的体魄三个方面。而确实的学力的组织要素包含“基础——基本知识与技能的习得”“思考力、判断力、表现力的培养”和“学习动机与兴趣”。具体而言，生存能力就是学童自我发现课题、自我思考、自我判断、自我学习、自我解决的能力，除了强调学童要自主自律地学习以外，也期待学童能与他人协调与合作，并借此培养丰富的人性。此外，日本教育部门在实施细则中还提到，要将“培养学习习惯”纳入课程体系中。我们要特别注意其中的自我发现课题、自我思考、自我判断、自我学习、自我解决，这五个“自我”又体现出什么？

从台湾、日本对于“习惯”的要求及阐述来看，“习惯”并不是一成不变的，它会随着时代的变化而有所改变，有所侧重。而且，“习惯”已经逐渐开始从“能力”的角度来考量了。

变与不变，确实颇费思量，但是这个世界已经在改变，让我们简略看一下以下一组数据：

美国教育部前部长雷利曾指出：

2010 年最热门的 10 种工作岗位，在 2004 年还根本不存在。

我们要让学生准备毕业后投入现在还不存在的工作……

使用现在还没有发明出来的技术……

估计现在的每周的《纽约时报》所包含的信息量，都超过 18 世纪时一个人一生可能接触的信息量。

据知，新的科学技术知识大约每两年翻一番。对学生来说，要用四年的时间学习技术并获得大学文凭，这意味着……当他们学习到第三年时，他们在第一年所学习到的东西有一半已经过时。

世界的变化如此之快，而学生是要走向未来的，因此，在传统的习惯养成的基础上，教学一定要有所侧重，一定要有更多的适应社会发展的要求，因而，阅读教室对于孩子学习习惯的养成，更侧重于以下几个方面。

1. “学习”的习惯

2. 倾听与专注的习惯

3. 提问的习惯

4. 讨论与分享的习惯

5. 演奏书籍的习惯

6. 辨析的习惯

7. 梳理的习惯

需要说明的是，这七种习惯是阅读教室要用三年的时间来着力培养的。在四年级阶段，将侧重于“‘学习’的习惯养成”“倾听与专注习惯的养成”“‘提问的习惯’初感知”。虽然其他的习惯养成也有所涉及，但并不是四年级主要着力的方面。

学习习惯的养成课程

《现代汉语词典》（第6版）中对于“学习”的定义是：从阅读、听讲、研究、实践中获得知识或技能。而对阅读教室中“学习”的定义则来自于日本的佐藤学，此“学习”并非我们提到的学习，故此加了引号。阅读教室中所谓“学习”就是同教科书（客观世界）的相遇与对话，同教室里的伙伴的相遇与对话，同自己的相遇与对话。因此，学习是由三种对话实践——同客观世界的对话、同伙伴的对话、同自己的对话构成的，这就是所谓的学习的“三位一体论”。它是通过一种由活动、合作、反思所构成的“活动性、合作性、反思性”实践来实现的。

比较之下，我们比较注重“学习”行为发生的地方，而国际上则比较注重“学习”的“给予者”，所以我们习惯性地认为“学习”的“给予者”就是教师，却忘记了早在两千多年前，孔子就曾在《论语·述而》中说过，“三人行，必有我师焉。择其善者而从之，其不善者而改之”，而只记得“师者，所以传道授业解惑也”。

为了帮学生实现“学习的三位一体”，对阅读教室的习惯养成课程做如下安排（为了反映当时的真实情况，课例以教学日志＋照片的方式呈现）：

一、从课堂教学的角度渗透

1. 向教材“学习”

这部分教学主要是让学生对于教材中的课文以及所涉及的文本进行圈画、标注、发现，继而借鉴。

阅读教室　第18天

今天的课是两节连上，这是我比较喜欢的形式。课堂上从我之前布置的一个作业入手：观察一种自己喜欢的动物。我想从这件事开始延伸，让孩子回顾昨天语文课的重点——观察和发现，并启发孩子思考：为什么不可以“发现和观察”。从而让学生明白：任何的发现都离不开仔细的观察。厘清“观察与发现”的概念后，我让他们打开书，仔细阅读《爬山虎的脚》《蟋蟀的住宅》《世界地图引出的发现》，并将这三篇课文中他们认为属于“观察”范畴的内容圈画出来。在圈画的过程中，一定要分清哪些是“观察”的范畴，哪些是“发现”的范畴。而且需要特别注意的是，不要将“观察”与“发现”的内容混合在一起，要注意区分开来。经过15至20分钟的自我阅读后，学生开始汇报结果，正如我所预料的一样，对于前两篇课文，观察的内容居多，而《世界地图引出的发现》一文则出现了问题，因为在这篇课文中，观察的内容与发现的内容有交叉的现象，这也恰恰是我要教学与指导的内容。

课文中有这样一段话：“实在无聊了，魏格纳就站起来，用食指在地图上画着各个大陆的海岸线，借此消磨时光。他画完了大洋洲，又画南极洲；画完了非洲，又画南美洲。突然，他的手指慢了下来，停在地图上南美洲上巴西的一块突出的部分，眼睛却盯住非洲西海岸呈直角凹进的几内亚湾。瞧！这两个地方的形状竟是这般不可思议地吻合！”这段话的前半部分属于“观察”的范畴，而“瞧！这两个地方的形状竟是这般不可思议地吻合！”则属于“发现”的范畴。我让孩子们再仔细地分别阅读这两部分，并体会二者的区别。启发孩子明确：观察是直观的所见所闻，而“发现”则是经过分析与思考后的总结和判断。继而让他们仔细看看自己圈画的与其他同学圈画的内容，并认真考虑：什么是观察？可以怎么观察？他们很快就总结出来：观察不光可以靠眼睛，还可以靠触觉、嗅觉、味觉、听觉来观察，以上环节也丰富了这节课的内容含量。

其实，课堂教学中我们不光要接触丰富的语言材料，更主要的是要知道这些语言材料可以给我们哪些启示。这样的总结，也为第二天的课堂教学埋下了伏笔，我顺理成章地布置下第二天需要准备的东西：一个橙子。这个橙子是让孩子从这几个角度观察的载体。

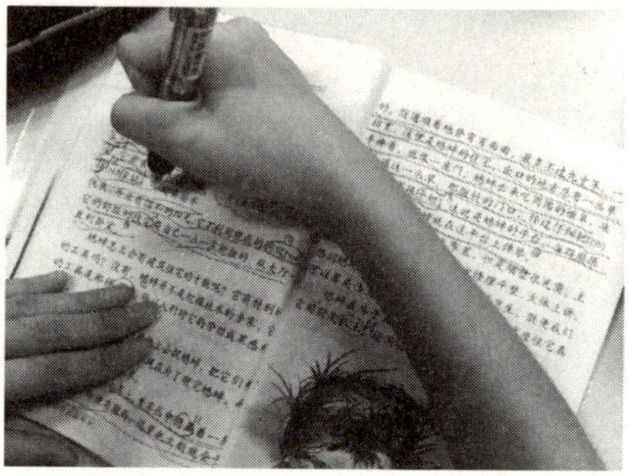

阅读教室　第19天

今天仍然是两节连堂课，继续昨天“观察与发现”的主题，按照计划要将其延伸到习作感知层面。第一节课从昨天总结出来的“观察的方式”入手，让学生在昨天圈画的属于“观察”范畴的句子旁边，标注出作者所采用的是何种观察的方式，比如视觉、触觉等。这一步的目的是将“观察”一词细化，了解不同观察方式的角度。学生很快就在前一天所圈画的内容的基础上找到了“视觉”观察，仔细分析每个人画出来的语句后，孩子们很快得出结论：视觉观察主要针对物体的颜色与形状。利用这样的契机，我让学生再回头看第一单元的《火烧云》一课，回味其中作者对火烧云的观察，因为对于火烧云，我们只能通过视觉进行观察，并辨析其颜色与形状的变化，拓宽对视觉观察角度的学习。如此循环往复，不断思量，不停地拿学生的已有知识与教材相互对照，将这些观察方式方法活化到学生的心里。

第一节课将每种观察方式的角度活化到孩子的头脑中后，第二节课就将目标定位在实际体验方面，因为已经提前让孩子准备好了橙子，所以第二节课就将实际体验的内容定位为观察橙子。我提前将表格列好，让他们将观察到的内容填到表格中，并根据自己填写的内容写一段话。

阅读教室　第 24 天

今天是两节连堂语文课，第一节课是新课，学习“观察”的主题；第二节课是对国测的针对性练习。之前布置过一个专题是观察橙子，我还一直没有对其进行讲评，当时的作业是让学生完成表格，并分别写三段话。这两天我抽时间一个个看了下，我发现虽然面对的是同样的事物，但作业完成情况却参差不齐。也许是有的学生没有认真对待，也有可能学生对这种学习方式还有些陌生，但我更认为这是观察与表达的不同步问题：学生很好地完成了观察任务，却找不到合适的句子或词语将其表达出来。因此，对橙子的观察不应该只有一次，也不能只停留在观察这个层面，应该在第一次观察的基础上有所改变，在观察与表达之间搭建一个桥梁——寻找分别描写视觉、触觉、味觉、听觉、嗅觉的词语和句子。所以，第一节课主要与孩子们一起分析第一次观察所出现的问题，课后布置相关的作业，为第二天的第二次观察提前架构桥梁！

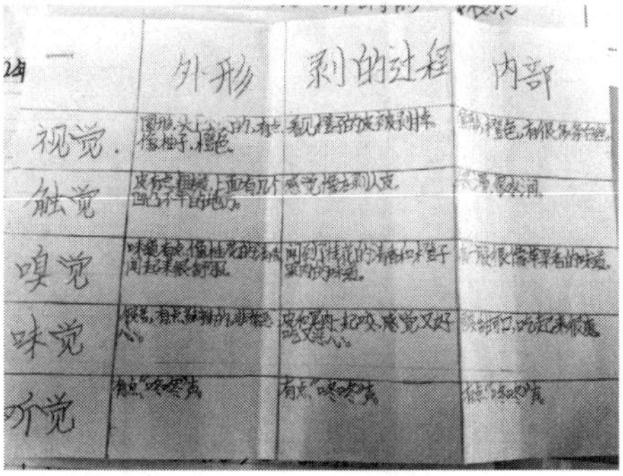

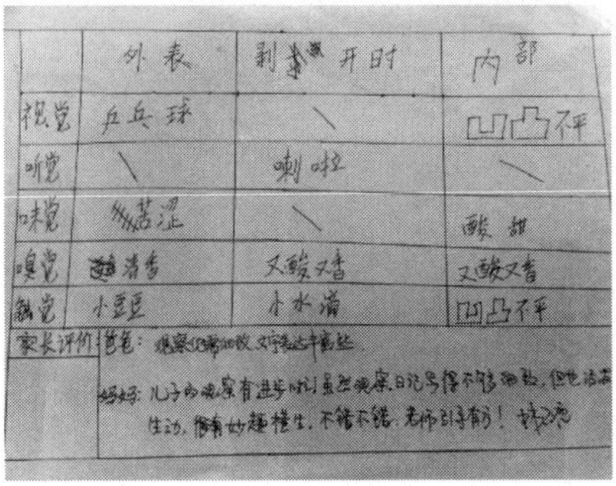

2. 向同伴学习

这段教学主要是强调让学生多向同伴学习有用的内容，可能是一个词，可能是一个句子，也可能是某种写法。刚开始时，学生不是很适应，还需要教师特意安排合适的教学环节，让学生知道这样做的意义。

阅读教室　第25天

今天的两节课，我放弃对国测模拟题的关注，把重心放在了写作部分，继续让学生对橙子进行观察。昨天晚上，学生已经搜集过描写视觉、触觉、味觉的词语与句子，今天第一节课的重心是整理，主要涉及两个角度：一是读出自己的句子，让其他同学来检验是否合适；二是从其他同学搜寻到的知识经验中建构新的内容，向同学学习也是一种学习，有时还是一种较好的方式。但小组分享最大的问题是容易出现七嘴八舌、各说各话的局面，所以，这次交流确定了一个新的方式：小组发言的同学需要站起来。这样便于我巡视时提醒其他孩子注意聆听与记录，现场效果还不错。整理完词语后，我帮学生梳理过程并告诉他们，其实可以从同学那里学到新的知识，自己手头丰富的词语就是例证。然后，开始进行第三次观察，与上次相比增加了一些要求：从所搜寻的词语和句子的表格中找到可以描述观察时的感觉的词语，应尽量表述准确。

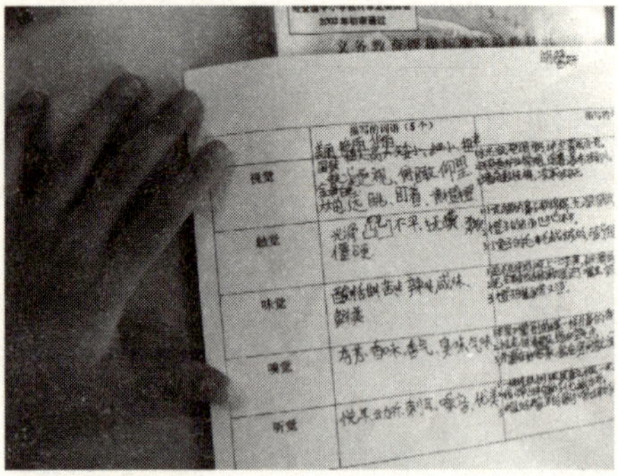
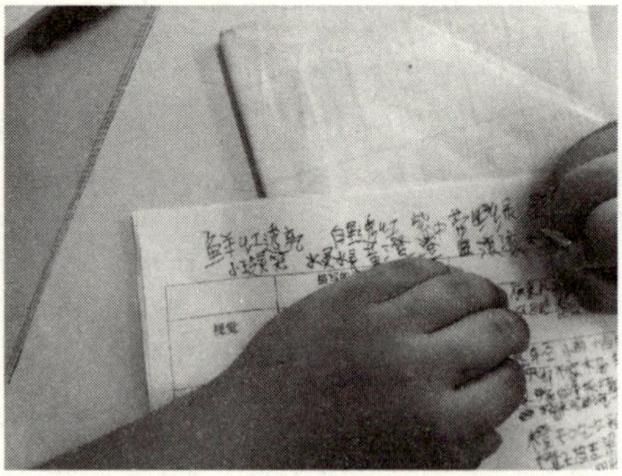

3. 向教材学习与向同伴学习的融合

在阅读教室中，当对于“学习”习惯的培养度过初期后，就开始渗透到教学的每一个环节了。

阅读教室　第26天

今天是在昨天观察的基础上继续进行整合，将孩子们表格中的词语逐步变成一段话。这是建立在对第二单元三篇文章的分析基础上的，孩子们认为三篇文章都用了很多修辞手法，特别是比喻和拟人，于是我让他们分别在三篇文章中画出来。画完后，他们发现《蟋蟀的住宅》中运用拟人的修辞手法特别多，因此文章显得特别生动。

我启发孩子们认识到：这就是拟人写法，并顺势将统整词语为段落的环节确定为：我是一个橙子。然后让学生思考：如果我是一个橙子，该如何介绍我的外形。孩子们展开了练笔，很快就写成了一段段有意思的句子。但是又一个问题冒出来了：有的孩子写的长，有些孩子写的短，有的很精彩，有的写得比较乏味，怎么办呢？到了体现“交流与建构”的价值的时候了：我让各个小组的每个成员都读出自己写的内容，其他同学要记下其中精彩的话语，从而运用到自己的段落中。这样的效果很快就体现了出来，从很多孩子的练笔中已经发现了修改的痕迹，这样的练笔更加生动了。其实，在这个过程中，孩子们更加明白了，从同学的经验中可以吸取到很多的知识。这就是“讨论交流”的实质——通过别人的展示，建构自己的知识。讨论不是为了单纯的展示，是为了建构。

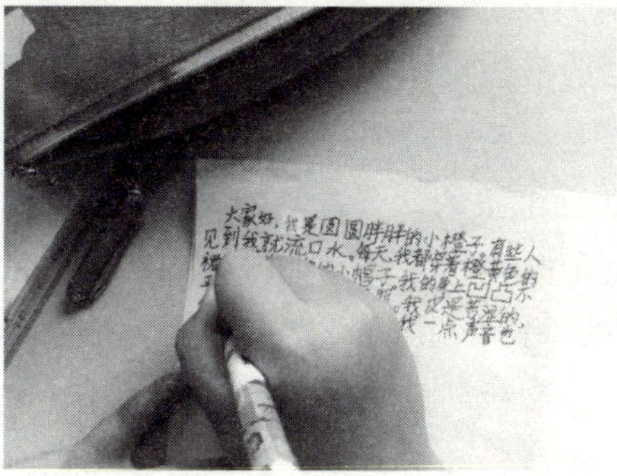

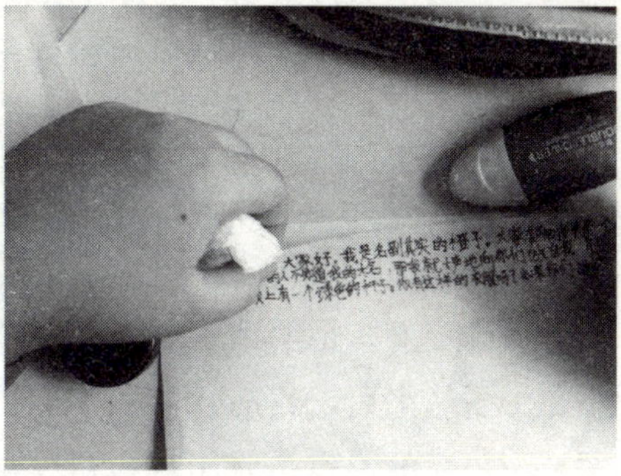

二、学习习惯的强化

逐步将学习的习惯渗透在课程中，以期达到合适的效果，但从初期的照片来看，孩子们仍然不懂得如何学习，仍习惯于张望，不能将所得形成文字，仍然抱着“做观众”“看热闹”的心态。因此，从习惯的第一定义——自动化的行为模式来看，习惯的养成仍然需要强化。

1. 教学现场的强化

要想强化孩子的学习习惯，改变只向书籍和老师学习的传统，就必须改变孩子的汇报方式。传统的方式是直接将小组讨论的结果告知大家，而在阅读教室里，为了强化学生向同伴学习的意识，我们改变了小组讨论交流后的汇报焦点。

阅读教室　第73天

今天的教室是继续昨天观察后的习作。首先，我让孩子们说说自己题目的前缀词，我以为可能是比较熟悉的一些诸如“栩栩如生”“普通”等，没想到孩子们这次呈现出来的，竟然没有一个是相同的，而是如“活灵活现”“独特”等前缀词。这是我没有想到的，课堂展开后，首先是小组交流，这里我提醒孩子要注意借鉴其他同学的写法与比较好的词句，也要注明某一点或者某句话是从哪位同学那里学习来的，并且选出那位被人学习最多的同学，在第二节课时代表小组做汇报。于是，孩子们开始展开了行动。

说实话，目前这种小组交流模式可以避免不少孩子无所事事，或不注意倾听的情况，只是还有个别孩子会游离于教学情境之外。所以，我将这节课的汇报内容调整为“我从某某同学那里学到了……”，使整个汇报交流更加实用，更具有指向性，之后孩子们的汇报也体现出了这点。第二节课汇报开始后，我对孩子们提的一个要求是：要记录“我从汇报的同学那里又学到了什么?”效果出乎意料的好，后面汇报的孩子竟然可以将之前的内容纳入自己汇报的内容中，这让我感到很欣慰，因为我觉得他们终于明白了学习的定义，也明确了学习无处不在，可以不断变化的道理。一般情况下，汇报结束后，我都会给孩子们留出一些时间整理所得，可以从孩子们两节课以后的习作中看出来：习作早已被改得乱七八糟，但这样的学习反而证明了孩子们在不断地修正之前的行为，这比老师一篇篇一句句地修正效果要好很多，因为这种修正是“主动”的而非“被动”的，于是作业就变为：重新整理此篇习作。

“我从某某同学那里学到了……”这只是教师将孩子们讨论交流后的焦点所做的一个转换。更深层次的问题是我们应该关注的到底是“讨论的过程”还是“讨论的结果”。

此时，我们再来对比两组照片，就可以看到不同的结果：

第一组：(阅读教室初期)

第二组：(第 73 天时阅读教室的照片)

将两组照片相互对照可以看出，第一组照片中的孩子都在张望着发言的孩子，第二组的孩子却没有，而是在做记录。我不敢说，“张望”就意味着效率低，反之就是效率高。但如果我们再看看第二组照片的背后（如下图）——这些孩子记录的文字，或许就能知道这种学习习惯的效果了！

我们很容易从这组照片中发现学生学习的痕迹，或许有了这样的强化，就很容易逐步培养孩子的学习习惯了。

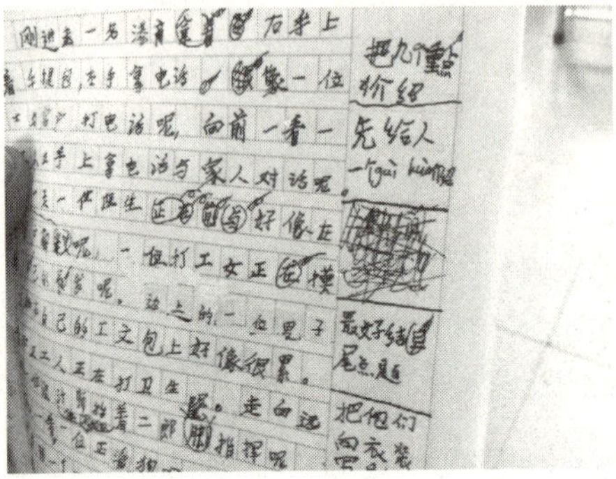

2. 日常行为的约束——学习日志的引入

上面提到的意识培养、交流焦点等措施主要是四年级上学期采用的，从下学期开始，阅读教室开始引进学习日志。

附：学习日志表格

我的学习日志

时间　　　　　　　天气

课　程	学习途径		
	教材、书籍	同学	老师
我的想法			

所谓学习，就是同教科书（客观世界）的相遇与对话，同教室里的伙伴们的相遇与对话，也是同自己的相遇与对话。

学生每天都需要根据当天的课程完成上面的表格，回家后，他们要重点梳理“我的想法”一栏。为了方便他们记录，我们从四年级下学期开始印制阅读教室专用的学习日志，以方便他们进行日常的记录。

在使用学习日志强化学习习惯养成的初期，学生不是很适应，第一，如果只是简单地对某节课进行记录还可以，如果每节课都坚持记录，对于学生而言可能就是个难题了；第二，学生还只能关注课堂本身的内容，容易忽略生成性的内容；第三，学生还是不太适应向同伴学习的方式，往往记录的还是教材或者老师的话语。所以，在四年级下学期开始使用这种方式时，困惑、纠结以及不适感，一直困扰着我和学生。

阅读教室　第 87 天

下午进行了第一次对于“学习日志”的书写整理，孩子们还不太适应这种方式，不少孩子的本子上还是空白的，还不能及时赶上课堂的进度，看来还需要教师一步步指导。

阅读教室　第 88 天

今天的第三节课，在抽签产生新的班干部后，我让孩子们打开“学习日志”，在“我的想法”一栏里，认真分析和总结自己过关或者不过关的原因，为第二天全班一起总结生字词的识记方法做准备。

阅读教室　第 89 天

也许不少人会质疑，这样的“学习日志”会不会增加孩子们的学习负担，如张祖庆所担心的那样。但正如我设计“学习日志”的初衷——培养学生养成学习及梳理的习惯，如果这能成为习惯，并将其作为孩子们学习结束后或文字或头脑中的静思，也会让孩子终身受益。从孩子们目前每天完成表格的状况来看，每节课结束后随性地记两笔，回家后随意地写一段“我的想法”，并没有让他们产生多大的负担，也没有让他们觉得厌烦。

阅读教室　第 90 天

今天的“学习日志”中的“我的想法”是让孩子们比较昨天总结出来的经验教训，看看自己哪里有进步了，哪些困难还没有克服，我想，其实这就是想要过关的一个重要的跟进手段。希望通过以后的调整，学生能够识记得更扎实。

阅读教室　第 113 天

因为只有一节语文课，今天有一些空闲时间，所以早上就开始翻看孩子们的“学习日志”，看了后让我很惊讶：确实有不少的孩子非常认真地对待，但也有许多孩子有应付的想法，除了课程部分写了名称外，其他部分几乎都写“无”。真的是“无”吗？所以，在今天的课堂上我要跟孩子们一起来分析什么是向书籍和课本学习的范畴？可以填哪些内容？哪些是向同伴学习的范畴？什么是向老师学习？都可以分别在表格中填写什么？也许是因为我这种特别的检查与安排，孩子们又开始认真地对待学习日志了。也许这就是习惯造成的惰性和惯性，如果不能及时地跟进与纠正，习惯就会反复，设定学习日志的目的就是为了强化孩子们的学习习惯。目前看来，由于监督机制的缺失，效果似乎越来越不明显，看来还需要有跟进措施。或许今天课堂上的针对学习日志设置的“迷你课程”不失为一种有效的方式。当然，是否可以在固定的时间让孩子们相互交流，交换一下想法呢？是不是应该多问问孩子们对于“学习日志”的看法呢？这些都需要跟进。

从上面的记录看来，对于学习日志的使用，在四年级下学期还只是了解、感知以及初步的尝试。但不能否认的是，采取这样的方式，经过不断的纠结与调整，在四年级下学期时，学习日志已逐步推广开来。在许多孩子的学习日志中已经体现出学习习惯的精髓，他们开始关注自己的所得，开始关注同伴的分享，开始学会在学习日志中记录学习中收获的点点滴滴。有的只是一个词，有的是一个句子，有的是某个同学的某个想法，等等。虽然有时会在记录中在“向老师学习”一栏中填“无”，但这也说明孩子们开始意识并注重同学之间的分享了。

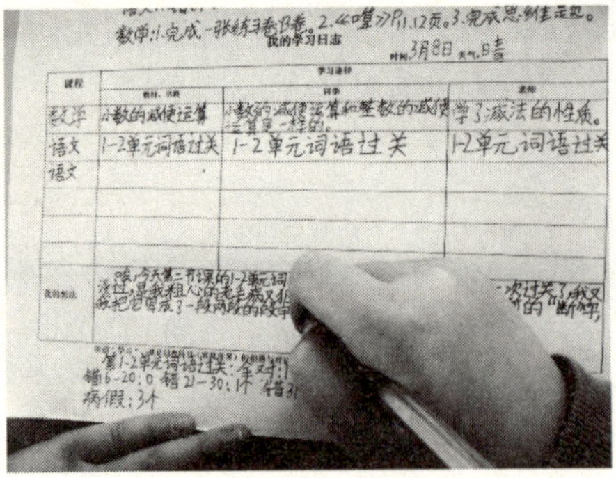

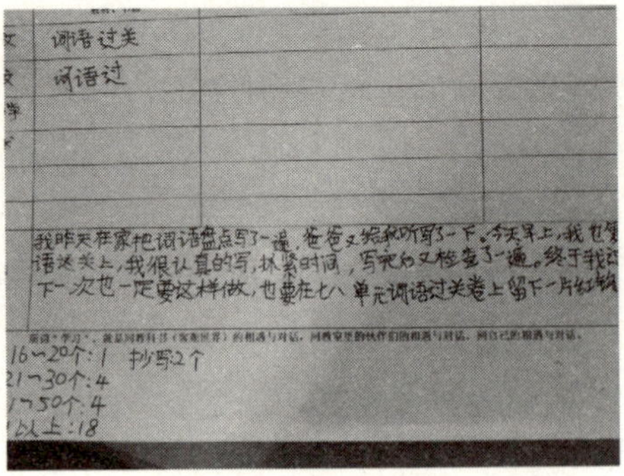

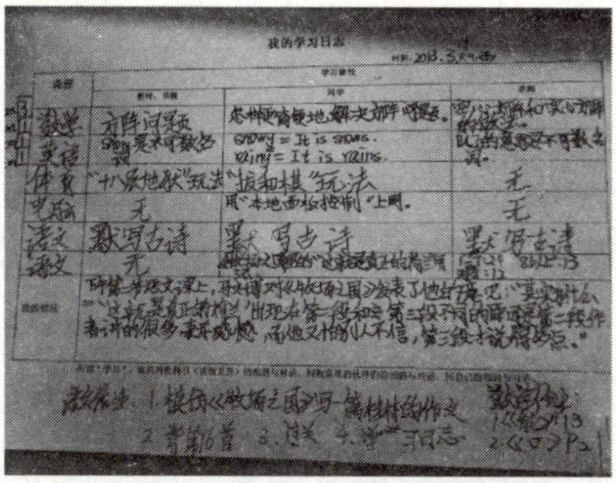

这些都是实施学习日志早期时的图片，或许可以看出一些其与传统教学的不同。

就这样，学生的学习习惯在四年级时开始逐步养成。

倾听与专注习惯的养成课程

倾听与专注的习惯对于教学效果的重要性毋庸置疑，在很大程度上，其对实际教学有着极大的影响。

我们有时困扰于“为讨论而讨论，为交流而交流”的形式化；有时困扰于讨论交流时的嘈杂；有时纠结于孩子们讨论交流时的效率。也不知从何时起，我们需要将倾听与专注习惯的养成，作为一个实验课题来考量了。尤其对于阅读教室背景下的教学现场来讲，这种习惯的养成更为重要：因为小组桌椅的模式有利于孩子说说话、聊聊天，即利于交流。如果处理不好这种习惯的养成，那么，在阅读教室环境下的课程效果会大打折扣。

倾听与专注习惯的养成不是一蹴而就的，只有从意识灌输到不断强化，才可以逐步养成。也许因为我是班主任的缘故，倾听与专注的反效应在我的课堂初期没有特别显示出其重要性，而任课老师的反应则特别强烈，总感觉在阅读教室的教学现场很难上课，很难避免孩子小声的交谈，很难让他们将注意力集中到教学的某一点上。因此，在阅读教室的组织过程中，我将这种习惯的养成与学习习惯的养成结合在一起，二者同时培养。同样也是从观念的渗透开始入手，让孩子体验到倾听与专注的好处。

阅读教室　第39天

今天的课堂内容是学生的展示，这是开展阅读教室以来第一次进行小组展示，采用的是相对比较保守的方式：提前指定某小组进行展示。有指定的课文，有指定的汇报任务，即自己圈画的“想象、外形特征、生活习性、动态、静态、事例”。四篇文章由四个小组来完成，其余六个小组的同学要根据其他同学的汇报与自己的进行对比，也要对其他同学的汇报进行判断与质疑。而且，我特地提醒孩子不能面向汇报的同学，而要用耳倾听，用心看自己圈画的内容。

四个小组总的汇报时间其实不是很长，但每次一名同学汇报结束后，孩子们的补充与质疑花费时间会很多。中间有一个小插曲，有一个汇报第四篇文章的孩子，由于总关注自己要汇报的内容，对于前面汇报的同学就有些不在意。这种情况在小组汇报中很正常，但我还是借这个时机，让孩子们特别关注这位同学的发言，看有没有补充和质疑，结果不少同学都对其做了补充。后来，我让他在小组汇报后谈谈自己的感受，我想让他明白：一个人无论如何努力，总会有遗漏的地方，只有倾听别人的发言，才能弥补这些缺失。

这节汇报结束后，我慢慢地帮孩子们梳理：我们总认为自己已经圈画了很多，结果发现还会有所遗漏。因此，只有通过同学的展示，以及自己的对比与质疑，才可以获得和学习更多的知识。如果忘记或者忽视对别人的汇报，难免会丧失更好的学习机会。我想，这种展示的课堂能让老师更清楚，我们关注的不在于孩子汇报了什么，而是孩子在汇报过程中，面对小组汇报这样的形式，他们要做什么，倾听的学生要做什么。这其实也是一种习惯，是一种学习的习惯，这是教师需要花些力气关注的地方，这一环节，孩子们大概花了 1 个小时的时间才汇报完毕。这个过程是针对教材的分类学习，但对于我来说，这只是“用教材”感知教材内容的阶段，只是让学生明确那些可以“描写动物的方法”中的一环。

上面只是习惯养成的一个侧面，或者说是开始，也就是从这节课开始，我们要将学习习惯与倾听与专注习惯的养成进行紧密结合。在之后的实际教学中，我不断发现，如果养成了良好的学习习惯，则倾听与专注习惯自然而然就会养成了。这是我没想到的，但也从另一个侧面反映了学习习惯养成的重要性。

提问习惯的养成课程

提问，也就是提出问题。如何才能算是问题？就是我们对于某事有疑问。具体到教学，就是对文本有不懂或者不清楚的地方。

说起提问，似乎是我们最为擅长的，因为充斥着绝大多数课堂的就是一问一答。但往往问的主角似乎都是教师，而答的主角都是学生。有时就会出现一幕奇怪的景象：老师不停地问（似乎老师什么都不懂，扮作学生），而学生不停地回答（似乎学生什么都懂，扮作教师）。

孩子到学校学习，对于教科书上的内容他们应该是有无数疑问的。作为教师，却置之不理，只关注自己设置的所谓问题，我们忘记了最有资格问问题的应该是学生，而不是老师。久而久之，对于文本学生就很难产生问题了，也不知道该如何去问问题。甚至，家长对孩子的叮嘱也总是——到学校要听老师的话，很少有家长会说——你要记着多问老师几个问题。放学回到家后，家长也习惯问孩子“今天有没有听话”，而不是“今天问了老师几个问题”。

因此，具体到提问习惯的养成，首先要扭转孩子的意识，让他们从等待回答的状态转变到主动去提问，这需要一个过程，也需要有意识地去培养。因而，在四年级的阅读课程中，我们安排了学生对于提问的初感知。

阅读教室　第41天

今天的课堂又从“方法延伸习作”回到教材内容上，这次的介入点是提问，主要是启发孩子们从三个角度来提问：一是字词的理解与读音的角度；二是句子的意思的角度；三是对内容的质疑的角度。希望能通过这部分的教学，让孩子们明确提问对于学习课文的重要性，并完善教学设计中的“从课文来，又回到课文中去”的过程，对于统整教学来说，其基础仍然是教材，所以最终还是要回到对教材的反思上来。从上午那节课的情况来看，效果还不错，可以从孩子们的提问中看到，他们可以提出自己需要了解的问题。

阅读教室　第 42 天

今天只有一节语文课，继续上周五的对孩子们的提问进行统整。首先让每个人在小组长的带领下汇总自己的意见，接着让小组共同思考：哪些问题是可以相互解决的？哪些是无法解决的？继而在小组内将不会的问题进行整理，并展示出来进行全班讨论，很快这些问题就得到了解决。这时，我让孩子们反思整个学习过程：从问题的产生到问题的解决，我们都尝试了哪些途径？为什么老师并没有帮我们解决任何一个问题，而我们自己却将问题全部解决了呢？通过这样的体验，孩子们更清楚了从同伴处学习的重要性。如果我们以反向思维来看待这个问题，当孩子们走向社会后，在工作中也许没有人告诉他们要如何工作，但也会有同事在他们身边，因此，从同事身上学习或许就是他们未来学习的主要对象。这样一个专题，虽名为“提问”，其实是一种体验学习的途径。

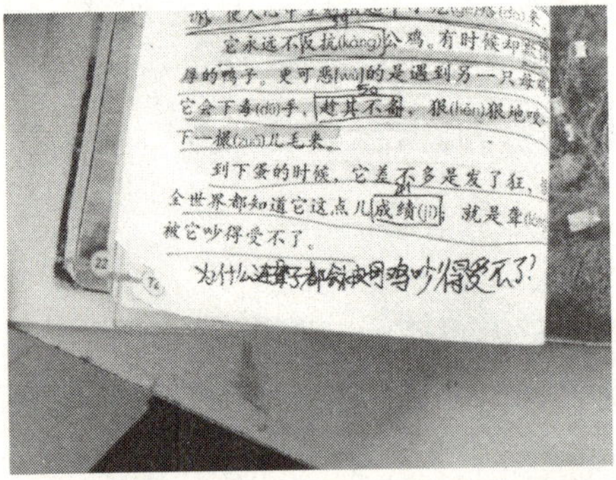

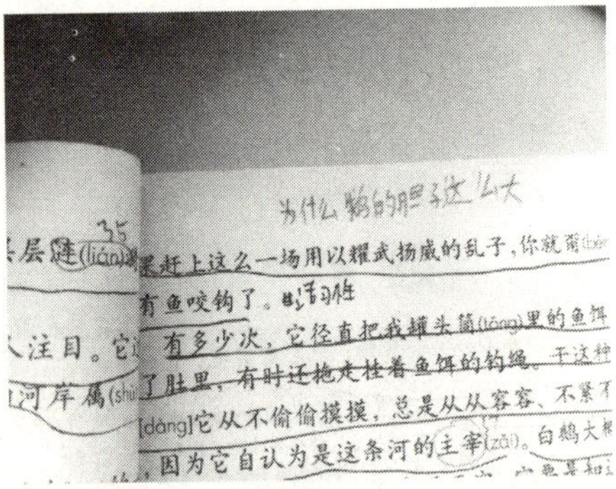

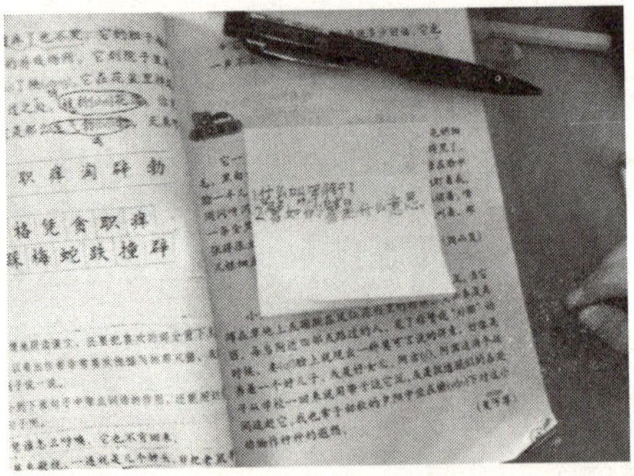

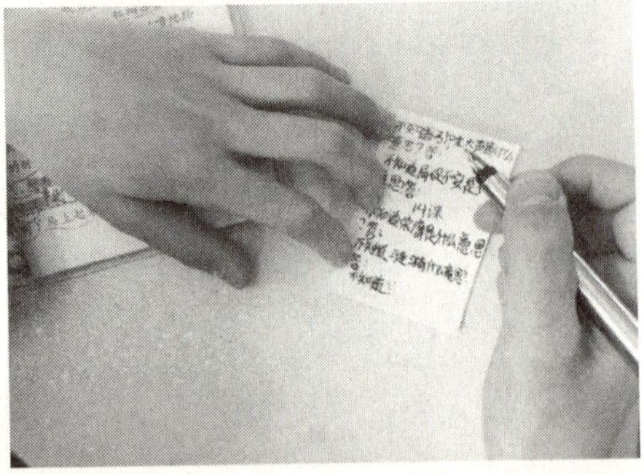

阅读教室 第118天

课堂内容从练习提问的基础开始，我告诉孩子们什么是问题，即那些自己不会或不了解的事情。我以《一个中国孩子的呼声》这篇课文为范例，尝试让他们提出一两个问题，只要是自己不懂的问题都可以，且最好自己把问题写出来。在巡视过程中我发现，多数孩子的聚焦点在课文内容上，尤其是聚焦在带引号的“蓝盔”上，这是意料之中也是意料之外的。意料之中是因为我希望从这个词语引导到“和平之花”这个词上面去，意外的是没想到孩子们这么快就给了我一个“台阶”。由此，让我想起最近关于导学案的争论，一方面，大家觉得一定要先有教师的导学案，另一方面，又认为先有导学案会限制孩子。目前看来，还是先有对孩子已有经验的考量，先了解孩子的问题，再与教师的导学案相结合，才是最佳的途径。不然，表面上看，教师的导学案先出示后，能引导孩子们的学习，但这却不是真正的以学定教，而是教师意志在形式上的转移，相信孩子们可以逐步将自身学习的定位与教师教学的定位结合起来。或许这样的过程比较费时间，但是从孩子的实际需求去出发与考量才是“学”的方式的真正转变。现在看来，杜郎口中学毅然放弃“导学案”是有道理的。所以，我们真正要考量自己的是，是否一定要先出示导学案，还是初期一定要有，后期再放弃？

附：《一个中国孩子的呼声》课文

一个中国孩子的呼声

敬爱的联合国秘书长加利先生：

您好！

我们虽然没有见过面，我和妈妈却接到过您的问候。两年以前，我亲爱的爸爸作为联合国的一名军事观察员，在执行维护和平行动中壮烈牺牲，您给予了他高度的评价，赞扬他是“一名卓越的观察员，在执行联合国维和行动中体现了人道与公正的素质”。对此，我和妈妈向您表示深深的谢意。

两年多来，我们全家沉浸在失去亲人的巨大悲痛中，我至今都忘不了，爸爸临上飞机前对我和妈妈那深情的目光，他说：“孩子，等爸爸回来，我一定送你一顶‘蓝盔’。”我们与爸爸相约，等爸爸凯旋的那一天，我们要带着最美的鲜花迎接他。

现在这顶蓝盔回来了，但它是钉在爸爸的灵柩上回来的。我们如约捧着鲜花，接到的却是爸爸那覆盖着国旗的遗体。鲜血染红了他的征衣，腕上的手表浸满了凝固的血。爸爸的嘴张着，仿佛在呼唤着什么，啊！我听见了，妈妈听见了，在场的叔叔阿姨听见了，全世界都听见了，他呼唤的是：和平！和平！和平！

我的爸爸精通四国语言，是一位出色的经济学硕士，本来他应该为人类作出更大的贡献，却被战争夺去了宝贵的生命。他的死是光荣的，他是为和平而倒下的，他倒在了维护世界和平的圣坛上。今天，我要向爸爸献上一束最美的鲜花，因为他是保卫世界和平的光荣战士。

51 年前，全世界人民用生命和鲜血赢得了反法西斯战争的胜利。但是 51 年后的今天，和平之神并没有永驻人间。

今天，我们中国孩子虽然生活在和平环境中，但是世界并不太平，不少地区还弥漫着战争的硝烟，罪恶的子弹还威胁着娇嫩的“和平之花”。我们一定要像爸爸那样热爱和平，勇敢地用自己的生命保卫和平。

敬爱的加利先生，在此，我代表我的家庭，代表所有的中国孩子，通过您向整个国际社会呼吁：“救救孩子们，要和平不要战争！”为了母亲不再失去儿子，为了妻子不再失去丈夫，为了孩子不再失去父亲，全世界应该一致行动起来，维护和平，制止战争！让那已经能够听到脚步声的 21 世纪，为战争敲响丧钟，让明天的世界真正成为充满阳光、鲜花和爱的人类家园！

祝加利先生身体健康。

一个失去父亲的孩子

（1996 年 11 月 8 日）

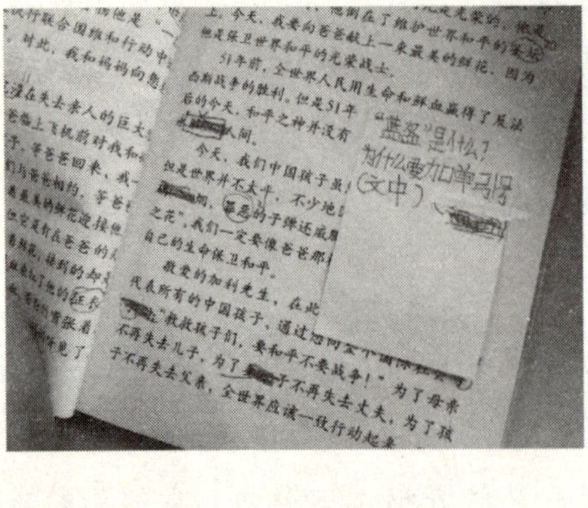

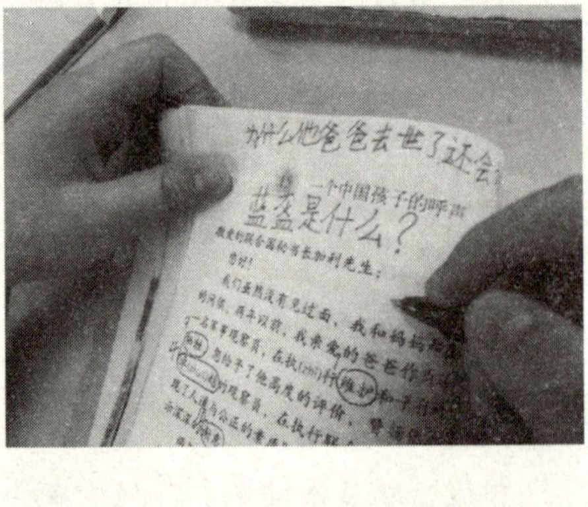

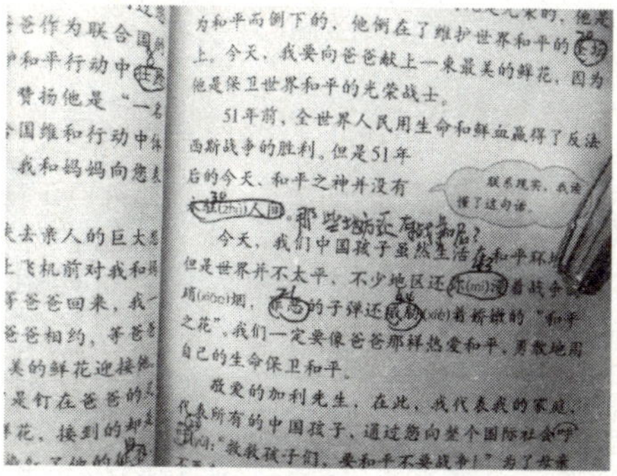

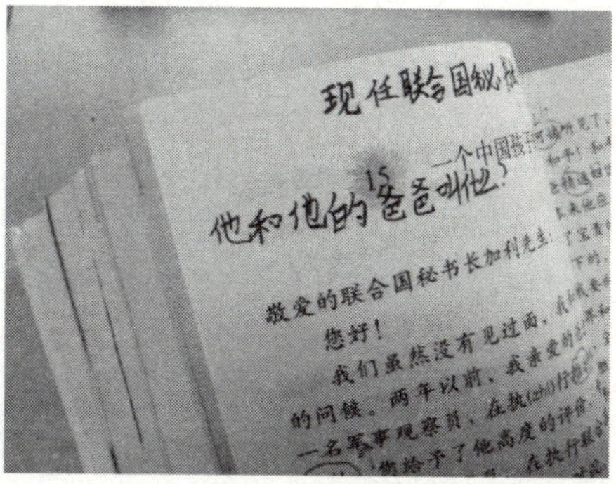

习惯要想转变为一种能力，首先要将它变成一种自动的行为模式，四年级应主要在以上四个方面着力。习惯的养成非一日之功，总会存在各种反复，但是只要坚持在不同阶段不断强化，并与阅读素养课程紧密结合，让二者密不可分，让其逐步从课堂常规的层面过渡到课程的层面，那么，实际的教学就会为我们带来意想不到的奇迹。

实施建议>>>

希望通过阅读教室，通过一系列的跟进措施，培养新时期教育背景下学生的七种学习习惯，这是一种美好的愿景，也是一种美好的预设。在实施的过程中，需要特别注意：

一、对于七种习惯的养成教育，要将其作为一种课程来看待

在传统的教育观念中，习惯养成是一种德育的范畴，而在阅读教室中，它是一种课程，是一种与实际知识体系、素养体系相结合的课程。阅读教室并不是将习惯的养成单独拿出来培养，而是与所有的教学过程相融合，让孩子在不知不觉中习得。

二、七种习惯的养成教育，不是一蹴而就的，也不是同时进行的

在阅读教室中，由于平时的活动环境、上课环境以及学习的方式发生了根本性的变化。这不是一节课或者几节课的变化，而是一种常态性的变化，因而配合阅读教室的习惯养成教育就有先后之分，有轻重缓急之分。

1. 学习的习惯

2. 倾听与专注的习惯

3. 提问的习惯

4. 讨论与分享的习惯

5. 演奏书籍的习惯

6. 辨析的习惯

7. 梳理的习惯

上面这七种习惯，前面的标号有特定的含义与先后和主次关系。对于刚刚开始的阅读教室建设，教师需要将重心放到学习的习惯、倾听与专注的习惯的养成之上。因为小组合作的方式有利于讨论与分享，但更有利于学生沟通，因此，倾听与专注显得特别重要。这时，后面五种习惯的养成甚至可以暂时忽略，不予关注。从这个意义上来说，后面五种习惯的养成需要根据前两种习惯的养成情况来实施。

三、七种习惯的养成教育需要常抓不懈，需要渗透到所有课程的每个环节中

习惯的养成，总是会有“回潮期”的，所以要想让习惯真正成为习惯，需要在教学的很多环节中不断地强化与渗透。它不可能靠一天或者几天的时间，甚至不能靠一个学期就能养成的。

四、对于七种习惯的养成教育要根据学生的不同情况调整侧重点

对于七种习惯的养成课程，如果始终想当然地强调自认为重要的习惯，也许比较容易养成，但会让学生产生比较明显的枯燥感。因此，可以根据学生不同年龄阶段的实际情况，适当将某个习惯作为某个学期的侧重点。比如，五年级就可以将讨论与分享、演奏书籍作为侧重点。六年级则将辨析的习惯与梳理的习惯的养成作为侧重点，保证课程相应跟进即可。

正如我在前面的叙述中谈到的，学生的习惯反复、“回潮”是常见的情况，阅读教室也不例外。教师面对学生不断反复、“回潮”的习惯养成，需要有相对宽容的态度，也要抱着“孩子就是天生会犯错”的想法。实施与不断强化是阅读教室习惯养成必然要经历的过程。只要不断地用心去做，七种习惯是可以逐步养成的。

第四章 潜心阅读素养培养体系

有人说，阅读素养即由阅读训练和实践而获得的阅读技巧或能力。

也有人说，其实阅读素养与阅读能力是一致的，没有必要另外命名。

国际阅读素养进展研究项目 2001 年将阅读素养界定为：理解和运用社会需要的或个人认为有价值的书面语式的能力，儿童阅读者能够从各种文章中建构意义，他们通过阅读来进行学习、参与阅读者群体并进行娱乐。

国际阅读素养进展研究项目 2006 年将阅读素养界定为：理解和运用社会需要的或个人认为有价值的书面语言形式的能力，年轻的阅读者能够从各种文章中建构意义，他们通过阅读来学习，参与学校中和日常生活中的阅读者群体并进行娱乐。

那么，阅读教室中的阅读素养又是怎样的呢？它的课程培养体系与传统的教学有什么不一样呢？

从《现代汉语词典》（第6版）里我们可以查到，能力是指能胜任某项工作或事务的主观条件；素养是指平日的修养。能力是指人能胜任和完成某项工作的自身条件（包括心理和生理条件），重在功用性；素养是指人通过长期的学习和实践（修习培养）在某一方面所达到的高度，包括功用性和非功用性。长期以来，我们认为语文能力就是指听说读写的能力。新课标中提到的语文素养包括对字、词、句、篇的积累；包括语感、思维品质、语文学习方法和习惯；以及识字、写字、阅读、写作和口语交际能力、文化品位、审美情趣、知识视野、情感态度、思想观念等。其目的在于进一步开发语文教育除实用之外的功能，在课程实施过程中积淀语文的底蕴，提高语文的修养。由此可见，语文素养的涵盖面较大，它把语文的工具性和人文性融合在了一起。简单来说，素养更像新课标中提及的知识与能力、过程与方法以及情感态度与价值观三个维度目标的整合。

我试着从阅读素养的角度来建构阅读教室中的阅读课程。但是，作为一名普通的语文教师，我只能依靠已有的研究成果，结合我国教育领域较为典型的做法，有选择地逐步建构阅读素养养成课程体系，而这种体系，融合了以下研究成果：

首先是PIRLS（国际阅读素养进展研究项目的简称）的研究成果，即四个阅读历程：提取特定的观点；推论；诠释并整合信息和观点；检验或评估文章的特性。

其次，是赵镜中先生关于统整教学的研究成果：

语文的统整教学，并不仅是把听、说、读、写的语言形式统整在一起就叫作统整了。重要的是，要把语文学习回归到语文的功能性、社会性上，换言之，就是要把语文还原到真实的语言使用情境与功能上，而不是演绎式地把语言拆成听、说、读、写等活动，分部练习后再统整为一。

这样的统整教学具有以下几层含义：

1. 听说读写的技能操作是自然发生的，也是自然联结的。

2. 学习语文和借由语文学习新知识，二者是同时发生的。

3. 学习的过程是解决问题和尝试错误的过程，无所谓准备度的问题。

4. 学习的出发点是学习者的需要（实用或情感上）。

5. 学习的内容是跨学科的。

统整教学要从四个方面来统整，一是统整听说读写的教学；二是以语文能力统整语文知识、技能；三是以语文统整生活和学习；四是以具体的意义来统整教学活动。

统整教学的目标在于以下几点。

1. 在日常生活及学习活动中，丰富学生有关语文功能的知识。

2. 发展学生使用书面语言和口头语言的能力，借以传递他们自己的观点，自主获取所需的信息。

3. 发展学生运用书面语言和口头语言来解决日常生活中的问题的能力。具体包含：运用语文学习其他学科，扩展个人的校外生活，与社会良好的互动，发展个人的兴趣等，从而培养学生使用书面和口头语言的自信与意愿。教师要帮助学生将语文与社会活动做适当的联结，鼓励学生多利用语文来管理和组织日常生活，多利用语文来表达自己的感觉与需要。

第三则是香港中文大学祝新华教授的相关研究成果。

能力层次	能力层次说明	题型
复述	认读原文，抄录词句、指出事实（2种）。	1. 抄录词句，指出某种事实。 2. 抄录词句，找出得到某结论的某事实（依据）。
解释	用自己的话语解释词语、表面句意（2种）。	1. 解释文中的词语、短语的意义。 2. 解释语句的表层意义（命题意义）。
重整	分析篇章结构、抽取特定信息、概括段篇意义（6种）。	1. 理清篇章内容关系。 2. 根据篇章内容分段分层。 3. 从篇章某处掘取特定信息。 4. 从篇章多处掘取信息。 5. 概括段意或层意。 6. 概括全篇内容。

（续表）

能力层次	能力层次说明	题型
伸展	引申含义，拓展内容（4 种）。	1. 推出句子的深层意义（功能意义/交际意义）。 2. 推断篇外信息：想象篇章未阐述而又有理有据可推得的内容。 3. 推断作者/文内人物某言行隐含的观点、态度。 4. 推出篇章隐含的中心/主题/主旨/全文写作意图。
评鉴	评说思想内容，鉴赏语言表达（3 种）。	1. 评说人物与思想内容：人物特点，做法、建议，思想、观点等。 2. 鉴赏语言：鉴赏精妙的字词、精彩的句子。 3. 鉴赏表达技巧：修辞格、表达方式、表现手法、篇章结构。
创意	提出新想法、独到感悟，或运用所读的信息解决实际问题（3 种）。	1. 提出富有新意的方法。 2. 提出独到的感悟。 3. 灵活运用所读信息解决问题。

但是不得不说的是，这些理论与研究成果与内地现行的语文教学体系所提倡的阅读素养都有所差别。加之阅读教室本身是一种新生事物，其核心的阅读课程就需要逐步摸索，不同的阶段仍呈现出不同的特点。四年级上学期我们基于教材，以教材为主，针对教材体系做了微调，呈现出切入角度有别于常态教学的方式及状态。而四年级下学期的课程体系则开始过渡到系统转换，开始对教材教学的顺序做局部重组，并倾向于指向写作的体系，呈现出重组与统整结合的有别于常态教学的方式。

于是，便形成了四年级上学期和四年级下学期这两种既不同又有联系的课程。

阅读素养培养体系——四年级上学期

专题一 发现自己

阅读教室 第3天

今天是两节语文连堂课，特别适合进行专题学习。今天的专题是“发现自己”，四年级上学期语文课的内容立足于一点，即“发现”，即发现人之特点及人性之美、物之奇巧以及景之妙！因此，第一节真正意义上的语文课就从“发现自己”开始！发现自己——每个人都会觉得对自己最熟悉，也最陌生。熟悉是因为最了解自己；陌生是因为往往不知道该如何介绍自己，甚至是不好意思介绍自己，又或者只是单一地介绍自己，要不就是固定的一个模式：我叫什么，我的性格如何，我的兴趣爱好，我的生活表现，我的学习表现等，几乎所有的孩子都是这样的模式，甚至让人觉得所有的孩子都长得一样。

在今天的课堂上，我就试着让孩子先说说自己在前一天晚上的作业中是从哪些方面来介绍自己的？（孩子介绍的角度刚好印证了上面提到的模式），我又让孩子们通过其他同学的介绍来审视自己：我忽略了哪些角度（阅读策略的自我监控与审视）；接着，让孩子们共同阅读绘本《这就是我》，并与自己的介绍相比较，体会其异同之处。

《这就是我》是一本很有稚趣的绘本，它从图画与文字之间的“落差”让读者体味到趣味。从写作技巧来看，可以给孩子提供很特别的角度，启发孩子用“非连续性文本”之图文结合的方式来介绍自己！这种方式比较另类，但却是未来甚至可以是当今比较流行的写作方式（如博客）。孩子们在读完这本书后，会很自然地会心一笑，不少孩子说，看完之后学会了用文字介绍自己，也可以用图画来介绍自己，还可以将图画与文字相结合。由此可知，这本书影响了孩子对文章形式的认识，绘本的基本元素决定了我们只能从这个角度考量。第二节课，我又让孩子们阅读了另一个绘本《不一样的河狸》，其中介绍了一个与众不同而有艺术气质的河狸，它的立足点在于“不一样”。之所以让孩子们阅读这本绘本，目的在于内容方面的考量，想让孩子们挖掘出属于自己的“不一样”，以求实现内容与形式的统一。之后孩子们的表现也证明了这一点，我让孩子们思考，如果让大家再写一次自我介绍，会用什么题目？孩子们的回答如下：①《这就是我》；②《不一样的我》；③《这就是不一样的我》。随后，我让孩子列出自己的计划，具体思路如下：我的题目？我先写什么？接着写什么？最后写什么？作业的效果要明天才能看到，明天又正好是连堂课，我想，这个专题可以做得很彻底了！

阅读教室　第4天

今天还是连堂课，第一课时是让孩子们回顾昨天的作业，主要是让两个孩子描述自己的作业，其他的同学提建议，让他们自我审视是否还有需要修改的地方。全班同学在听完别人的建议后，都认为自己的作品还有需要修改的地方，所以，我们将展示的时间延后了一天。

专题二：阅读中的停顿

阅读教室　第8天

今天是两节连堂课，专题是“阅读中的停顿”。停顿，是阅读教学或者是课堂中容易忽视的环节，停顿是阅读中常态的问题，也是教学切入的契机。其实，每一位读者都会碰到阅读停顿的问题，但是原因不尽相同。对于孩子而言，不外乎以下几点：有些字词不会念或念不准；有些字词不明白其含义；有些句子要反复读，却仍然不解其意；有些句子一读就让自己联想颇多。

今天一上课，我就从这几点切入教学，我让学生根据自己不同的停顿习惯做标注与批注。这样的阅读以默读为主，同时兼顾圈画与批注，阅读的篇数是4篇。20分钟后，孩子们就完成了任务，虽然未必有多么深入与到位，但可以在汇报交流的环节中，从伙伴们的发言中重新进行建构。首先进行的是不会读的环节，很快，每个孩子都汇报了自己不会读的字词，随后，内容聚焦在薄雾、风号浪吼、不可计数、一模一样中的“薄”“号”“数”“模”四个字的读音上，教过的老师都知道，这是第一单元中容易模糊的几个字音，让孩子找出来并提出问题的方式比由教师提出来效果更好，但在这个过程中，仅靠一个孩子不容易同时找到这几个关键点，应借助于汇报交流，让学生可以互相借鉴和学习，体会别人的发现，从而建构新知识，其实这才是交流讨论的真谛：从讨论中获取和建构自己的知识结构。

第二节课我们开始汇报交流不懂的字词，我不停地让孩子们从一篇篇课文中找出自己不懂的字词，但是我只对如何理解极个别的字词做了示范，其他的都没有给孩子以正确的解释。所谓的示范主要是针对一个学生提出的“人声鼎沸”这个词，其中，“鼎”这个字对于四年级的孩子来说不好理解，也不好写，所以我先让两个孩子在黑板上试着书写这两个字，然后我再进行示范，让他们总结总的笔画、部首、音序、音节都是什么。这个步骤，相当于把三年级如何查字典的步骤完全复习了一遍，最后，我让孩子们想想还有哪些成语包含“鼎”这个字，他们很快就从已有的知识中找出了一言九鼎、鼎鼎大名、三足鼎立三个成语。

我试着让孩子思考一下：为什么我们没有解释更多的词语？如果碰到不理解的词该怎么办？有的说可以查字典，有的说可以询问老师或同学、家长，有一个学生说还可以联系上下文来理解。听到这个孩子的说法，我马上让所有的孩子都仔细体会这种方法并思考，如果考试或者读书的时候，遇到不懂的字词，无法或者不愿意查字典，也无法询问别人时，我们选择哪种方式合适？这样，他们瞬间就明白了“联系上下文理解词义”的重要性，我也顺势布置作业：今天晚上尝试着用联系上下文的方式来理解词义，我明知道学生理解的效果可能不会太好，但我们必须让孩子去尝试或者体验一下。周五会依照这个专题慢慢让孩子们知道该如何联系上下文。

阅读教室　第10天

今天依然是两节连堂课，其实我内心比较喜欢这样的安排。第一节课我们回顾了周三学习的内容，继续汇报“阅读停顿”之句子部分。汇报之前，我试着更新孩子心里关于停顿的句子的概念，我举了女儿的例子，昨天女儿发烧了，而我的开场白是“我喜欢爸爸妈妈”，问：这句话听起来奇怪不？学生大都摇头，我接着说：“昨天晚上女儿跟我说：‘爸爸，我喜欢生病。’”我问学生：“这句话奇怪不？”学生说：“奇怪但又不奇怪！”“为什么奇怪又不奇怪？”孩子们列举了很多原因，如生病了可以不用写作业，不用上学，可以看电视等。我又接着问他们：“我们为什么会有这么多猜测，有了这些猜测后，我们还想知道些什么？”他们异口同声答道：“答案！”我说：“对，你们想知道我的女儿为什么这么说吗？她心里想的是，她生病了，我和妈妈都必须听她的话。”这个答案也出乎孩子们的预料，这时，我让孩子们试着总结，到底什么样的句子才会让我们停顿下来。孩子们很快就总结了出来：能让我们产生联想的，会让我们反复读的，容易让我们产生猜测的，让我们急于知道答案的……于是，我又给他们十分钟的时间再次阅读这四篇文章并思考：有哪些句子让自己停顿了下来？孩子们找到了几个句子，基本上都是本单元需要学习的关键句，而这些句子对于理解这些课文都非常重要。

第二节课，我决定让孩子们换换思路，也为周末的作业做一下准备，我已经提前将PIRLS2006的测试题打印好，发给孩子们，让他们自己来做，但这次的要求跟以往完全不同，他们不光要找到答案，还要在文章中画出得出这些答案的依据。这样做的目的是让学生明确：做阅读题的时候，还要注重思考的过程，要知道答案得出的过程，而不只是稀里糊涂地把答案写出来。有一个学生说："我大概能够猜到答案，但不知道依据是什么。"于是，我让所有的孩子都去反思这样做是否合理？其实我知道，这是不可能的。

阅读教室　第 11 天

今天只有一节课，所以仍然围绕学生对"阅读停顿"的回馈交流之"句子停顿"的部分进行学习。从"那'鸟的天堂'的确是鸟的天堂"这句话开始，跟着孩子们的思路进行分析，这句话哪里让你感觉怪怪的？加引号的"鸟的天堂"还在课文中哪里出现了？具体是怎么说的？孩子们很快找到了这句话，"朋友们说这里是'鸟的天堂'，有很多鸟在这树上做巢，农民不许人去捉它们"。我让学生多读几遍这个句子感受一下，为什么要加引号？孩子们很快得出结论：① 因为引用了朋友的话；② 这里的鸟的天堂指的是大榕树。那么为什么说这里的确是鸟的天堂而不是地狱呢？孩子们回答，"因为天堂是快乐的地方"。那么，为什么说大榕树是让鸟儿感到快乐与舒服的地方呢？书中能不能找到相关依据呢？孩子们很快就从课文中找到了相关的语句。

回想起我曾经教过的《鸟的天堂》这节课，这还是第一次将这节课的重点如此明显地凸显出来，而且是如此顺利与自然。从孩子们主动寻找到教师出示，效果显而易见，然后，孩子们依次从其他课文中找出类似的句子，利用这些句子，我们对一些重点的句子都做了一定的解析。出乎意料的是，孩子们找到了这样一句，"在青藏高原上切割出一条长 504 千米的巨大峡谷”，他们觉得“切割”一词怪怪的，因为“切割”是由人做出的动作，在这句话里怎么可以这样用呢？这恰恰是教学的一个切入点，这是一种拟人写法，证明雅鲁藏布大峡谷是大自然的杰作，可以说是鬼斧神工，是无法复制与人为的，是证明“世界之最”的文字，如果孩子能明确为什么作者要用这些词语来描写雅鲁藏布江大峡谷，他们就能明白作者笔下的景色为何如此不同了。可以说，这就是由“阅读中的停顿”切入后带来的良好的教学效果。

专题三：我对课文的发现

阅读教室　第 12 天

今天的语文课围绕着昨天布置的作业展开，昨天晚上已经让孩子们基于自己的角度画出了第一单元的四篇文章中自己喜欢的章节（或者自己喜欢的某处景物）。课堂汇报交流时，我发现孩子们的选择基本一致，会去欣赏其中的某一章节，或者是教师希望他们关注的章节，这与之前的语文老师三年的努力分不开，孩子们形成了良好的阅读品位，他们对语言的赏析能力让我惊讶，对于教学切入点也可以很快地切入，那些教学重点，孩子们也都可以迅速而准确地抓到，这么多天来，我第一次感到特别欣慰，我要感谢这样的好老师。

课堂从第一课《观潮》开始，多数孩子都很喜欢课文的第四自然段，我先让所画内容相同的孩子一起来读，读完后，我让他们用四个字来概括，他们的答案是：潮来之时。然后，我让孩子们思考：既然有潮来之时，还应该有什么？孩子们说应该还有“潮来之前和潮去之后”。我顺着孩子们的思路展开教学，确定了哪些自然段写了这些内容，最后，各个段落的主要内容都迎刃而解了。我提醒孩子们：我们还落下一个自然段没有分析，结果是第一自然段，我问："第一自然段讲了什么？"答案是：钱塘江大潮是天下奇观。我继续问："奇观？何谓奇观？"孩子们从"奇"与"观"两个角度来解析，就这样，我们对关键字词的理解全部完成。我接着问："既然这部分这么说，它跟剩下的段落是什么关系呢？"学生对于这种提问方式有些陌生，我提醒他们考虑一下"为什么说它是奇观，后面又证明了这个？"孩子们终于恍然大悟，原来这是"总分关系"。教学很自然地由孩子们的初步认识过渡到最终的延伸学习。遵循这种节奏，我们又分析了第二课，学习了文章中的关键知识点。

下午的语文课上，我们继续遵循这种节奏，让学生汇报第三课《鸟的天堂》，孩子们分别找到了那些描写大榕树的茂盛以及鸟儿活动的段落，然后我让他们比较两个段落的异同，有个孩子说："一个是描写树，一个是描写鸟。"然后我引导孩子们思考："它们给你们的感觉如何？"答案是，一个静一些，一个闹一些，我肯定了他们的回答，其实，这种描写方法就是静态描写与动态描写，这也恰恰是这篇课文的一个重要的写法。

至于第四课《火烧云》，学生分别定位于第三自然段到第五自然段，我让他们在读后思考：第三自然段与四、五、六自然段有何不同？其中一个是颜色变化（第三自然段），一个是形状变化（四五六自然段）。这中间，有的孩子对"外表"与"外形"这两个词的概念有些混淆，但也借机得以解决。回顾这两节课，都是从孩子的汇报交流切入到实际的教学中的。以前一直认为，从孩子的感知出发难以与教学目标达成一致，从现在的效果来看，这种方式还是可取的。之所以这么说，是因为一个关键的基准点：统领点在哪里？而之所以达到了这样的效果，还是基于前一天晚上的作业：找出自己喜欢或给自己印象较深刻的景色。

阅读教室　第13天

今天的内容是对写作力的延伸，希望通过阅读的迁移能够让孩子在写作方向与写作范围方面有所改善。一上课，我就开始让孩子圈画四篇文章中通过阅读才能了解的景色，孩子们很快就圈画完了，让我讶异的是更多的孩子圈画的都是第二课《雅鲁藏布大峡谷》这一课的内容，确实，这篇课文中描述的那些景色孩子们目前只能从电视、网络等途径来了解，也是“只有通过阅读才可以知道”的景色，我让他们念出自己找出的语句，品味其与常见景色的异同之处，并让他们看看课文后面的“资料袋”，详细了解异同点，我适时地补充了关于雅鲁藏布大峡谷的资料，让学生观看关于雅鲁藏布大峡谷的视频，让孩子清楚，对于这样一个大峡谷，我们可以写的东西太多了，但作者为什么只写了这些内容呢？目的在于启发孩子思考：写景时要抓住景观的主要特点。最后引出习作题目——（什么地方或者什么景观）的（什么特点），第二节课主要让学生练习习作。

专题四：观察与发现

阅读教室　第 17 天

今天只有一节语文课，我设定的主题是“感知第二单元”，课堂从单元导读开始，我让孩子们阅读后说说这个“导读”告诉我们这个单元要做什么？不少孩子都表示是“事物的奥秘”，其实不然，应该是“观察和发现”，所幸，有不少孩子认为是后者！比较来看，前者主要侧重内容，后者主要关注自己的能力训练，不过这不是最重要的，因为我要从这一点延伸出这一节课的感知重点：我对课文的发现！十五分钟的自由阅读及圈画后，孩子们开始汇报自己的发现！在第六课《爬山虎的脚》、第七课《蟋蟀的住宅》、第八课《世界地图的发现》中，孩子们都找到了很多在以往教学中比较重要的句子，如爬山虎如何往上爬，描写蟋蟀住宅特点的句子，以及地图的相似之处等，可惜因为时间的缘故，不能展开学习！就只因为这个缘故，我特别喜欢连堂上课！今天在百花小学进行“名师分享理念”活动，虽然在互动环节引发了大家对教与学方式转变的冷思考，虽然大家对这样那样的模式有不同的看法，但我还是觉得这种转变的理念是完全正确的，我们的教学一定要贴近学生，关注学生的需求，教学目标尽量给学生以选择的空间！己所不欲，慎施于人！

阅读教室　第28天

今天上午因为要参加广东南方阅读研究院分级阅读指导研究所的成立仪式，所以我将课都调到了下午，一口气上一下午的课。我越来越喜欢这种连堂课，因为这样对某个专题的学习不会在中间中断。今天是观察橙子的后续写作——合词成段的练习，具体步骤是自己写—小组交流—自我修改！孩子们对这种形式越来越熟悉，已经知道该怎么做了，只是仍然缺乏倾听，还没有足够的意识去倾听与吸纳同伴的意见。所以，我还是会每次做出提醒与示范！但是没关系，孩子们已经进步很多了！晚上的作业题目是《橙，这就是我》，其实，有了前面三段话的指导，作文已经不那么难写了！

专题五：对动物的观察初感知

阅读教室　第34天

今天是连堂课，第一节是处理古诗教学遗留的问题，课上，我引导孩子们思考：庐山和山西村可以让诗人写的东西那么多，为什么只写了寥寥几物？爬山虎、蟋蟀的住宅也是这样，原因是什么呢？经过分析我想让孩子们明白：描写事物要抓住其主要特征给予我们的独特的感受。但这只是其中的一种写法，第四单元对动物的描写又具有另一种角度：虽然对观察到的东西写的不多，但是还运用了事例、联想等方式进行了补充与丰富。也就是说，以通过观察来描述只是描写的手法之一。

为了达到这个目标，第二节课我利用工作纸让学生找出课文中描写白鹅、猫、母鸡等动物的毛、动作、四肢、脾性方面的词语，目的是让孩子们提前感知作者的用词，并与自己的用词做比较，孩子们很快就发现其中有很多选项作者没有写，甚至提都没有提，他们对此产生了巨大的疑问：为什么会这样？这是一个很好的教学契机，我打算留到下节课再有充足的时间解决。

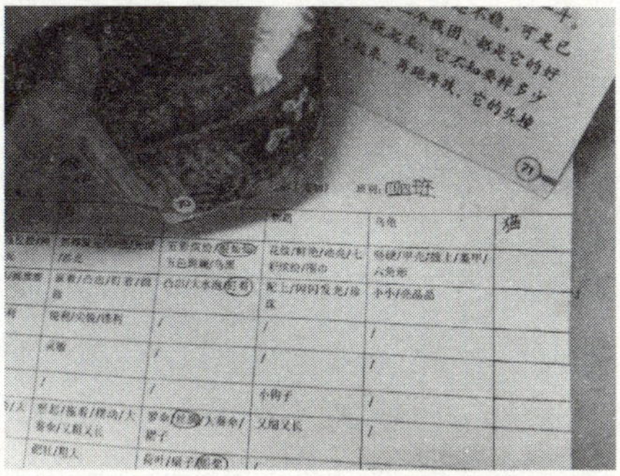
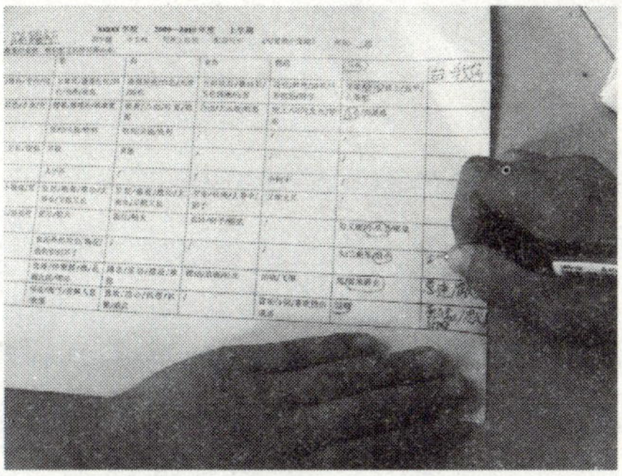

阅读教室　第 36 天

今天继续分析周三的表格，引导孩子们思考为什么作者写作时没有面面俱到？然后让学生回到表格的第三部分：描写方法。我想让学生明确一点，对动物进行外形描写只是描写方法的一种，并不能代表全部，除了这个，还有想象、生活习性、动态、静态、事例等描写方法。同时，在第三部分还分别举例说明，让学生明确描写动物时可以运用的方法，随后，我让学生分类寻找第四单元中那些描写动物的文章中出现的类似的语句，首先寻找运用想象手法的句子，学生很快就找到了。遗憾的是只有一节课的时间，因此交流讨论的时间比较少，学习不够充分。

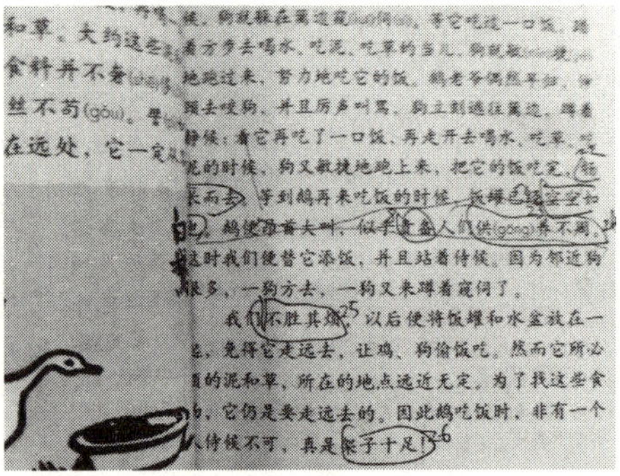

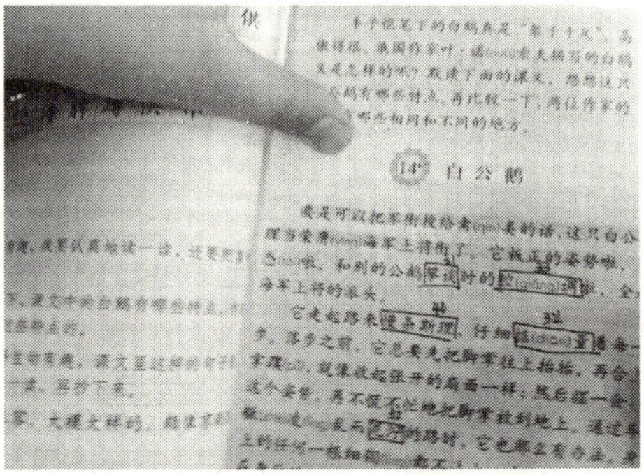
14 白公鹅

阅读教室　第 38 天

今天上午要听课，所以下午又凑成了连堂课，继续学习动物的描写方法，上次课让孩子们在四篇课文里圈画出了使用想象手法的地方，这节课交流讨论，今天的课继续对其余的五种手法——动物的外形特征、生活习性、动态、静态、事例等进行圈画与讨论。为了区别对待，我要求学生用不同颜色的笔来标注，或者在旁边批注，然后进行小组讨论，由小组长组织。这样的讨论为小组展示提供了可能，这样在下次课上就可以试一次了。

阅读教室　第39天

今天的教学内容是“学生的展示”，这是开放阅读教室以来的第一次小组展示，且采用的是相对比较保守的方式：指定小组进行展示。有指定的课文，指定汇报任务，即自己圈画的有关想象、外形特征、生活习性、动态、静态、事例的句子。四篇文章分别被分配给了四个小组，其余的六组同学根据其他同学的汇报与自己的进行对比，并进行判断与质疑。我提醒学生不需面对汇报的同学，而要学会倾听，同时用心看自己圈画的部分。四个小组的总的汇报时间不是很长，但每次结束后，其他学生的补充与质疑却很花时间。

期间还出现了一个小插曲，汇报第四篇的那个同学总是关注自己要汇报的内容，没有在意前面三个同学汇报的内容。其实，这种情况在小组汇报中会经常出现，我想借这个时机纠正一下，让他们集中注意力关注这位同学的发言，看有没有对他进行补充和质疑的地方，结果有不少同学都做了补充。我让那个同学谈谈自己的感受，并让他明白：一个人无论如何努力，也总有遗漏的地方，只有倾听别人的意见，才能弥补自己的缺失。汇报结束后，我慢慢地帮学生分析：我们总是认为自己圈画出来的内容足够多了，结果发现其他同学的更多。这说明，我们只有通过将其他人的与自己的进行对比，才能获得更多的知识。如果我们只关注自己，忽视别人，就会丧失很好的学习机会。我想，这种展示课堂，让教师更清楚地认识到了，教学关注点不在于汇报的内容，而是在汇报过程中，即在小组汇报这种形式下，负责汇报的同学具体要做什么，负责倾听的同学要做什么。其实这也是一种学习习惯，教师需花费更多的力气对此予以关注。汇报大约用了1个小时的时间，这是对教材的分类学习，然而，对于我来说，这只是“用教材”感知教材内容的阶段，只是让学生明确描写动物的方法。

接下来，我顺势进入下一个环节：运用这些方法，根据前一个月对动物的观察情况，让孩子练习描写动物，具体要求是：

1. 题目：《可爱的……》；

2. 力求使用学过的描写动物的六种方法。

这样布置的目的是想在第二天的课堂上，让小组共同讨论同学的习作中对六种方法的运用情况。之前圈画的都是课文，明天就要圈画同学自己的习作了。

阅读教室　第40天

今天是连堂课，继续昨天的习作，即如何对动物进行感知。课上，我先让孩子们在小组内按顺时针方向交换互读同学的作文，学会修改错字。然后由小组长组织选出组内一篇较好的习作以及一篇需要改进的习作。选择的标准是看其是否在习作中运用了描写动物的六种手法。选完后就开始了展示，孩子们对展示越来越熟练，越来越会倾听了，首先我让习作有必要改进的孩子来念，并倾听同学的建议。我让学生思考，自己的习作哪里有需要改进的地方，然后让小组之前选出的习作较好的同学来分享，这次我让孩子们把关注点放在“我比较欣赏你文章中的什么”“你的文章让我学会了什么”两个问题上。孩子们发言很积极，导致最后不得不限制发言人数。这个环节结束后，我让学生再次审视自己的文章，并再次修改。

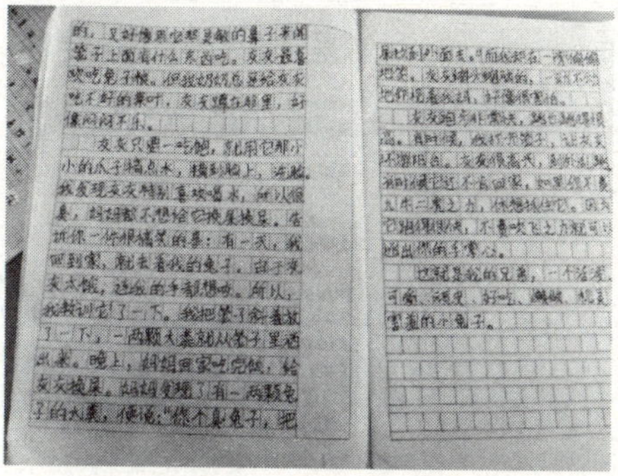

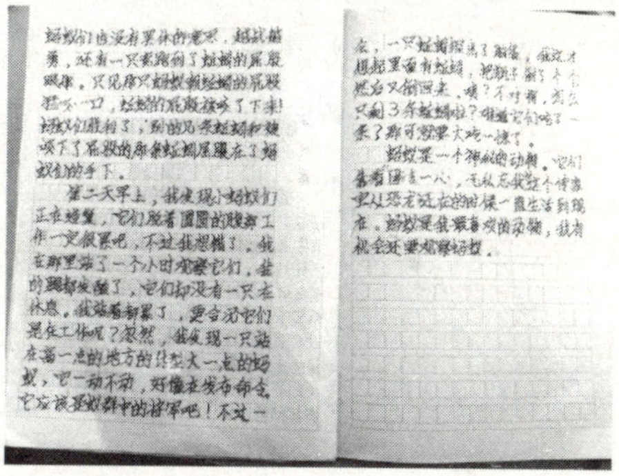

专题六：发现童话之奇妙

阅读教室　第43天

今天的课堂围绕昨天晚上的作业展开。昨天晚上我布置孩子们读第三单元的4篇课文，有的童话学生喜欢，有的不喜欢。为此，我做了一个小调查：每篇童话都有多少人喜欢？结果很有意思：喜欢《巨人的花园》的有38人，喜欢《幸福是什么》的有29人，喜欢《去年的树》的有37人，喜欢《小木偶的故事》的有47人。按照教材的预设，学生应该比较喜欢《巨人的花园》与《去年的树》两篇，但他们却更喜欢《小木偶的故事》。我问他们为什么喜欢这篇童话？有个孩子说："因为童话的最后一句是'老木匠说得没错，笑是很重要的。不过，要是只会笑，那可是远远不够的'。"看来，任何事物都不能太单一。另一个孩子说："故事情节是有转折的，因为童话的前面部分和后面的结果截然不同。"接着，一个孩子说："我喜欢它，因为我觉得跟我自己差不多，每次妈妈说我的时候，我总是忍不住笑。我就像那个小木偶。"还有一个孩子说："我觉得这篇童话中的对话比别的童话有意思，比如，'报告警官，他抢我的包'等，特别真实。"那一瞬间我明白了，孩子们喜欢的童话往往会与自己的生活相联系，他们总是找寻其中与自己身上共有的联结点。这也让我想起，我的女儿看童话时为什么总要跟自己相联系。有时候孩子看一篇童话，总是会想象自己在其中的定位，这也就是孩子们如此喜欢童话的原因。由此出发，我让他们看看，是不是每篇童话都在告诉我们一些道理？于是，他们轻松地想出了每篇童话给自己的启发。我也由此联想出一个新的童话《小乌龟闹牙痛》，从题目入手，我就让他们思考：小乌龟有牙齿吗？看到这个题目，你会想什么？我让孩子边读这个故事边猜测，这到底是怎么回事，又给了我们什么启发？

读的时候，教室里从未如此安静。读完后，我问他们喜欢吗？没想到竟然有两个孩子不喜欢，这出乎我的意料，按照以往来说，孩子们一定都会喜欢的。我询问这两个孩子原因，他们告诉我，"你的故事结尾不够完美，为什么没有小乌龟最后是如何跟爸爸妈妈哥哥姐姐说的呀？"我仔细想想确实是，结尾是"吉米终于张开他那张没有牙齿的嘴巴笑了，而且起身走下床来。"但却遭到了其他孩子的反驳："这样的结尾可以让我们产生联想的，如果写出来了就没意思了。"也许这个争议就是下一步学习的切入点，我想接下来关于童话主题的学习会有更有意思的观点出现。

下午的语文课继续上午的话题，让孩子们说说《小乌龟闹牙痛》这个结尾到底该如何？引导孩子掌握童话的组成元素：角色、场景、事件。首先，我做了一个迷你课的示范，就着《小乌龟闹牙痛》这一篇童话，我告诉孩子们什么是角色，什么是场景与事件，继而让他们针对教材上的四篇童话联系并书写角色、场景、事件。由于有了示范，孩子们很快就找出了四篇童话中的三个元素，但问题也出在示范上。因为《小乌龟闹牙痛》这个童话，从题目上就能看出其中隐含的事件的成分，所以有许多孩子在自己归纳时仍然如此，这个问题需要等到明天再处理。

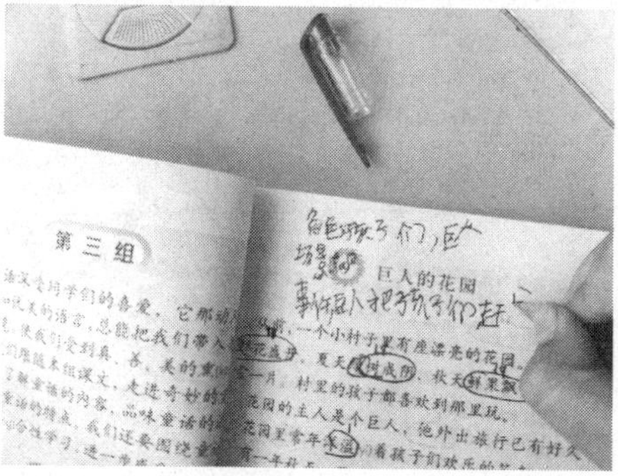

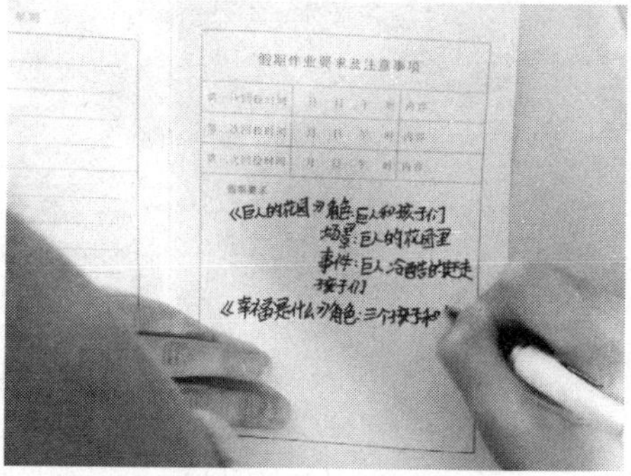

阅读教室　第48天

今天，我们继续对童话的学习。从学生对教材中四篇童话中的“角色”“场景”“情节”的感知出发，第一节课回顾四篇童话中的三方面的元素。这样做的目的是让孩子在童话中对其构成元素有一个感性的认识。第二节课，我让孩子们反过来思考，由我提供“角色”“场景”“情节”的内容，让孩子们来编故事。我设定的角色是“穿白色衣服的老人”，场景是“荒无人烟的荒岛”，情节是“收到一封信后，昏倒”。首先，我让孩子思考自己对这三者之间有疑问的地方，再让他们小组讨论：是真的不合理吗？然后在全班范围内讨论，最后布置作业让孩子们练习。

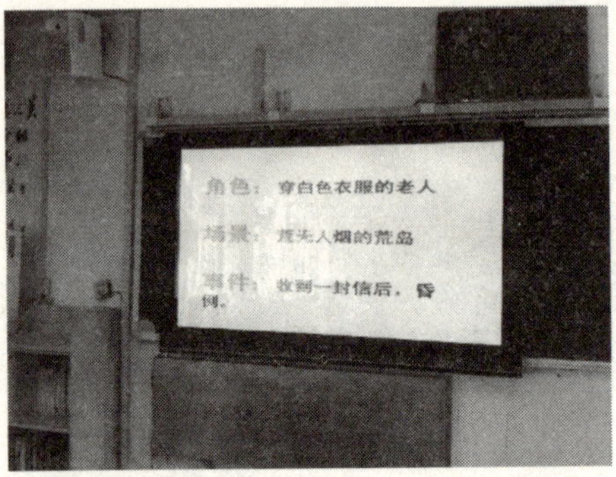

阅读教室　第 49 天

今天的课堂在昨天作业的基础上展开。主要形式是在小组内读自己写的童话，要求倾听其他同学编的童话，借鉴别人的优点，修改自己的童话。采用这样的方式已经不是第一次，对此，孩子们早已驾轻就熟了。但是有的孩子因为太熟知这种形式而显得有些漫不经心，也许孩子们还没有明确“学习”的真正含义：同伴之间的学习比跟老师学习更重要。所以我让孩子们暂时停下来思考四个问题：① 我的童话有没有念给大家听？② 我念完后，同学们的反应是什么？③ 其他同学念的童话我有没有听清楚？④ 我从其他同学的童话中借鉴到了什么？然后，我找一名同学面向全体同学朗读自己的童话，让其他孩子将听到的童话与自己的童话进行比较，再次引导他们修改自己的童话。但我发现，他们修改的时候似乎有点力不从心，原来他们都觉得在听完其他同学的汇报以后，自己写的童话的结构和情节都需要重新来安排，而且，全班竟有 51 个孩子都希望如此，我决定将周末的作业改为：重写童话。可能教学进度会再一次延迟，但是如果他们能够从其他同学的童话创作中产生重新建构自己童话的决心，我觉得这也是对学习意义的延伸，因为不是每个人都愿意重新写作文。既然愿意重写，一定是意识到了缺陷，这是很重要的学习。

专题七：发现“人物特点”

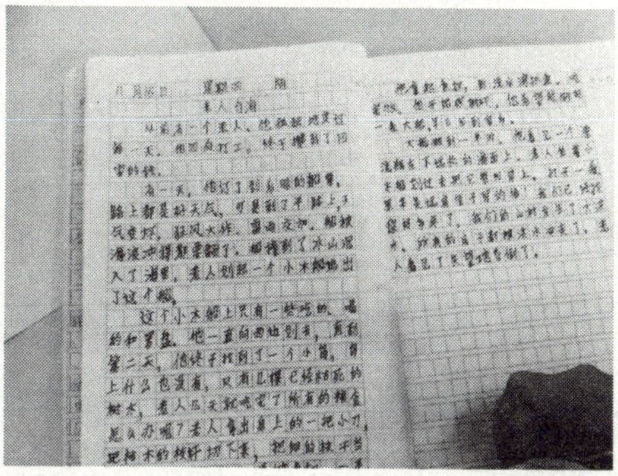

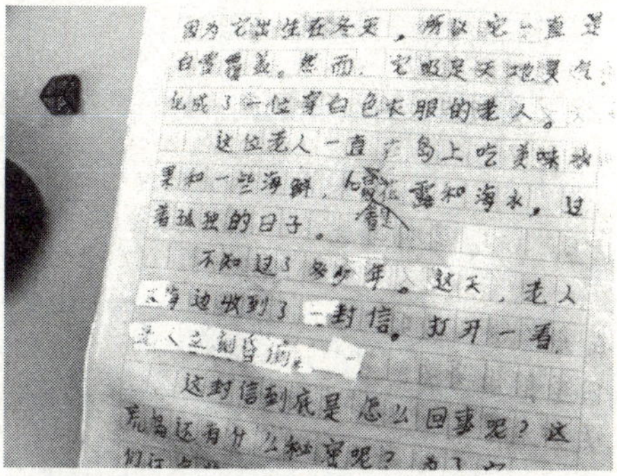

阅读教室　第57天

目前学习的专题是“发现人的特点”，为了给孩子们呈现出不同的人物形象，我设置了故事里的人、身边的亲人、同龄人等三个主题。今天，为了让孩子们能有直观的感受，我特意给他们播放日本的“30人31足”（“30人31足”是2人3足的扩大版，这项比赛在日本已开展10年之久，至今已发展成为日本全国性的一项体育赛事，以30名小学生“二人三脚”方式相互裹足成31条腿并肩快跑50米。）的录像，让孩子感知同龄人的特点，并将给自己印象最深刻的人物写下来。这是为明天感知教材做准备。

阅读教室　第58天

今天的语文课是两节连堂，所以继续进行“发现人的特点”的专题教学。昨天晚上给孩子留的作业是“从观看的影片中选出两个给你印象深刻的人来写”，早上粗略看过孩子们的作业后，发现有的孩子这样写：给我印象深刻的是主持人，因为他主持得很好；还有一个印象深刻的是个小孩，他通过自己的努力最后成功了。其实这样写也是一个四年级孩子的正常水平，从前面的作文可以看出孩子写作的一个发展轨迹：容易把握静态的，不太会表述动态的，也就是植物类的文章容易写好，动物类的文章却写得差强人意。对于较复杂的人物来说，孩子们更是难以把握，尤其是对于录像中那些出现频率较高的人物，他们倾向于用概括性的词语来叙述自己的感受，其实这也在我的意料之中，这也是我将利用第六单元四篇文章的原因。于是，我让孩子们打开课本第六单元的四篇课文，即《搭石》《跨越海峡的生命桥》《卡罗纳》《给予是快乐的》，并让他们分别默读这四篇课文，首先读《搭石》，让孩子思考此处描写了哪个人？这个人物都有什么特点？其实，这篇文章跟前一天看的“30 人 31 足”的录像很像，都是描述的群体人物。他们告诉我，《搭石》写的是一个群体，是“乡亲们”，原因是课文在最后一个自然段中提到了。我让他们用一个短语或一个词语来形容“乡亲们”的特点，他们很快说出了“为别人着想的乡亲们”，这是因为他们在课文的第二自然段看到了这样的话：“上了点年岁的人，无论怎样急着赶路，只要发现哪块搭石不平稳，一定会放下带的东西找来合适的石头搭上，再在上边踏上几个来回，直到满意了才肯离去。”孩子们说这里最能反映出乡亲们的特点。我又让他们阅读《跨越海峡的生命桥》一文，他们说，这篇文章里面有两个给自己印象较深刻的人：李博士与台湾青年。原因是一个是冒着生命危险尽职尽责的人，一个是不顾家人安危而无私奉献，却不留姓名的人。他们对于概括性话语的提炼很到位，接下来我让他们反思：为什么会这样评价？学生说因为课文中有相关的语段提示他们，他们还利用这样的方式，分别找到了其余两篇文章中人物的特点与依据。这种阅读方式具备了统整教学的特征，即我们为了某个专题训练点而将整单元与此相关的内容“拎”出来学习，但是，这种学习并不是简单的内容学习，而是要回到对“两个印象深刻的人”的练笔上。文章中并没有孩子们所写的概括性词语，却能够让人感受到这些特点，课文中没有出现“为别人着想”“尽职尽责”“有爱心”等词语，为什么可以让学生感知到呢？是什么让他们的感觉如此清晰？这些都是阅读教室在第二天的课堂上需要探索的问题，这也需要学生再次对教材进行有目的、有层次、有深度的学习，如有必要，明天还需学生再次观看录像。

阅读教室　第59天

由于第一节课处理了班级出现的突发问题，因此，第二节课我们抓紧时间继续进行专题学习。我继续昨天的内容，让孩子们思考：同样是写人，我们少写了什么？再来看看课文中有哪些内容？我让孩子打开课文，分别找出描写人物语言、动作、外貌的语句，并圈画出来再次品味，体会作者描写的精妙之处。在目标清晰的前提下，孩子们寻找相关语句的速度非常快。这时，我让他们把自己写的关于“两个印象深刻的人”的文章拿出来在小组内念给同学们听，然后在小组内相互点评与借鉴。课堂最后，我特意留出一段时间让孩子们思考：① 在同学们念的文章中，有没有值得我们借鉴的地方？② 课文中的语句，有没有可以运用到自己文章中的？思考的目的在于让孩子在自我书写后，能够有目的、有想法地进入课文的学习。通过对课文的学习而借鉴其用法，并运用到自己的习作中，这是一个循环，是一个完整的过程。

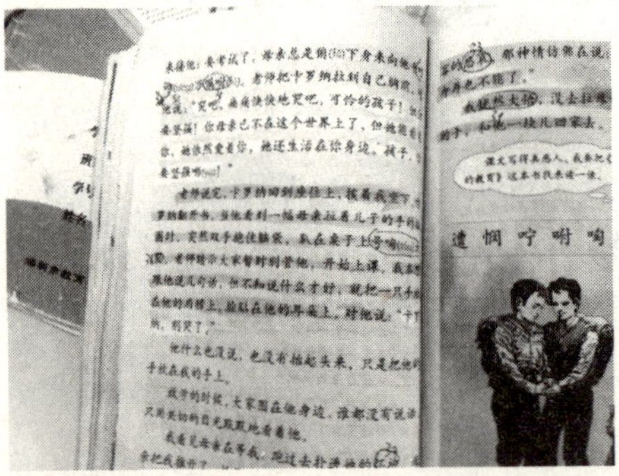

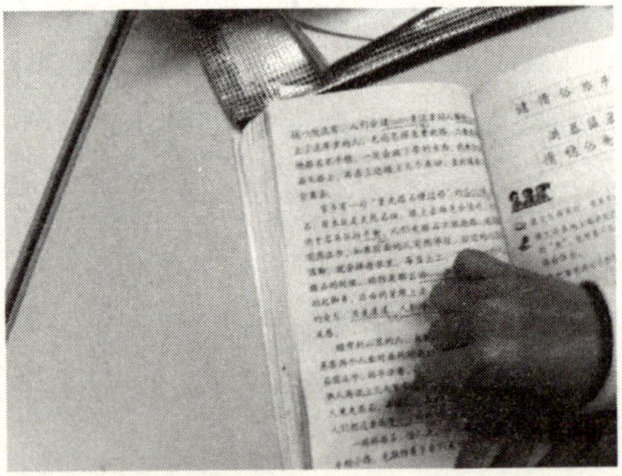

阅读教室　第60天

今天虽然只有一节课，但是同学们在上周布置的作业《妈妈的童年生活》的基础上开始的汇报让我很惊讶。因为他们第一次将妈妈当成一个客观存在的“人”而不是单纯的“妈妈”的角色，孩子们呈现的东西让我很感动，几乎每个孩子都有心得体会，他们感叹道：妈妈的童年虽然没有特别多好玩的，没有那么好的条件，但是妈妈仍然感觉很幸福。做汇报的几个孩子虽然有的按照我提供的模板进行布局并安排材料，但还有很多孩子并没有按照我的条目安排习作，他们将妈妈的童年拓展至幼儿园、小学、初中，这样显得更有层次，孩子们是聪明而睿智的。还有一点小遗憾，孩子们仍然过于关注自己跟妈妈一起做的PPT，却缺乏对其他同学的借鉴与学习。也许是觉得自己做得足够好了，但这并不是我的课程想要达到的状态。我更希望孩子们能在分享中学会学习，学会汲取他人的长处，发挥自己的优势。也许这还需要时间，需要更多的渗透，我不应期待更多，只能慢慢等待。

阅读教室　第61天

今天继续“妈妈的童年生活”的专题汇报，孩子们和妈妈们做得很认真，也做得很好。因为内容非常翔实，所以每个孩子都汇报了很长时间，听的孩子时间长了也会觉得很疲劳，没兴趣听下去，而且，这个专题的目的之一是希望孩子们能够从同伴处学习，所以最担心的是孩子们在学习时目标性不够强。因此，我特意给孩子们做了一张“我的学习表”，将这次有关“妈妈的童年生活”的选项大概列在上面，这样孩子们可以边听同伴的汇报，边将值得学习的地方记录下来。有了这样的措施，孩子们听得就认真了，也不会顾左右而言他了，学习的氛围自然而然就出来了。只有学会欣赏与借鉴同伴的优势，学习才会具有更实际的意义。两天下来，一共两节课，只有八个孩子做了汇报。下课时，有孩子对我说：“什么时候才轮到我来汇报呀？这样下去，要多久呀？”是的，孩子们有这种迫切的感受，就意味着下一个教学时机快要到来了。

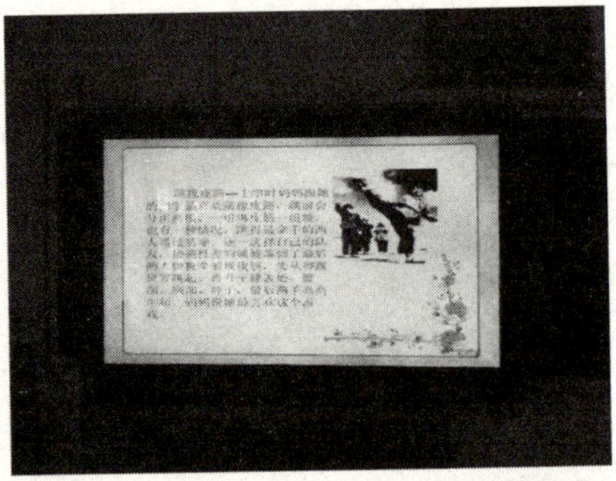

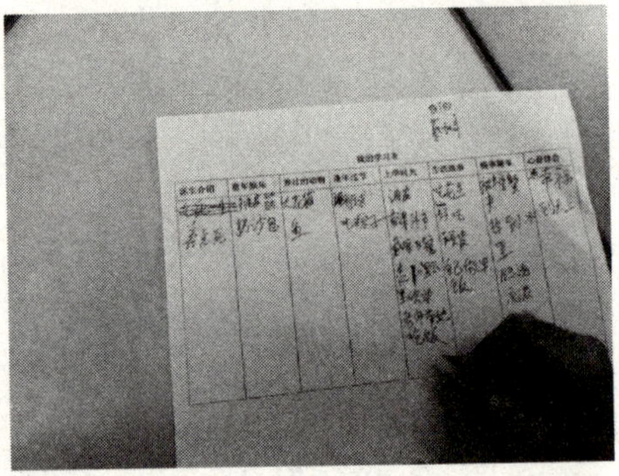

阅读教室　第62天

今天是在昨天晚上的习作的基础上进行的。昨天根据孩子们的意见，我们将作业布置为《妈妈的童年生活》，因为是跟妈妈一起做这样的PPT，这次作文是仅有的一次学生没有抵触的一次。第一节课，我依照惯例让孩子们在小组内交流，我对学生强调，要利用昨天下发的“我的学习表”，将值得学习或感到陌生的内容记录下来，“我的学习表”让孩子们变得安静了许多，表格具有一定的指向性，学习也变得更加有目的了，课堂中出现了更多的安静的倾听者。

所有小组分享完毕后，我开始帮助孩子们整理自己的收获。我让他们用以下句式来分享：我从某某同学那里学到了什么！目的在于让孩子们清楚学习到的是什么，更让被学习者能有小小的成就感。此环节的教学目的是想让学生清楚 PPT 与作文之间的细微差别——过渡语，PPT 可以省略这样的环节，但作文不可以。所以有学生在分享中写到：有的同学的过渡语写得特别好。

第二节课，我让学生推荐小组中写得比较好的同学做全班分享。这一次孩子们都清楚地知道自己该如何做一名合格的倾听者了，也知道该如何去学习了，这也完整地体现出了这个专题的双重作用。

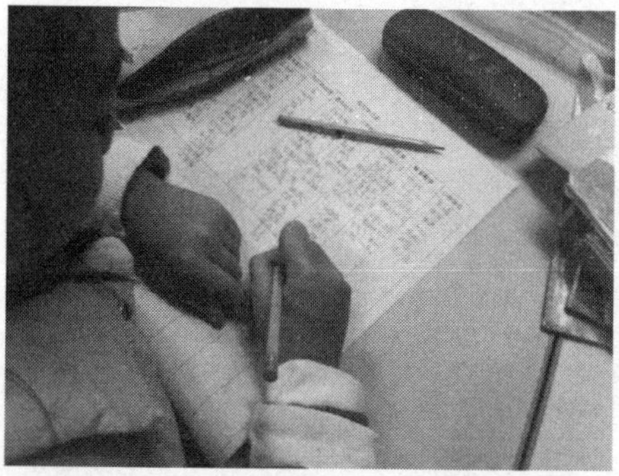

专题八：古诗吟诵感知

阅读教室　第64天

今天的课堂是对古诗的学习，之前已经让孩子们背诵与查阅过资料，此次安排的内容是“吟诵”，之所以这么安排，是抱着这样的想法：一是为了将古诗还原为古诗的读法；二是为了让学生在古诗的吟诵中体会诗人的情感，体会古诗的意境。我先让孩子们用自己的方式来朗读古诗，继而让孩子们猜测古人的读法，孩子们模仿从电视上看到的古人读诗的腔调来读，个个都不同。我让孩子们思考为什么会不一样，难道古人也是随意读的吗？答案是否定的，这时我才开始渗透平仄声的概念，我告诉孩子们，古人读诗不叫读，而是吟诵，所遵循的是平长仄短的规律。然后我让孩子们为书中两首古诗的每个字都标出平仄，有的孩子标得快，就自顾自地开始试着去吟诵，一时间教室里满满的都是吟诵声。孩子们对新生事物的那种兴趣让我感到讶异！我让他们相互检查标得是否准确，刚刚才安静下来的教室又热闹起来。让他们齐诵时却完全做不到齐整，因为平长到底要多长？仄短到底该多短都是孩子的模糊之处，但这恰恰也是以阅读促进古诗理解的切入点，如果古诗理解得到位了，再诵读时效果就不一样了。当然，这是下节课的内容，我并不是一定要求孩子们能吟诵出一定的水准，我想让孩子们将吟诵作为一种辅助手段，引导他们对古诗的理解，既而入情入境，拉近文与人的距离。

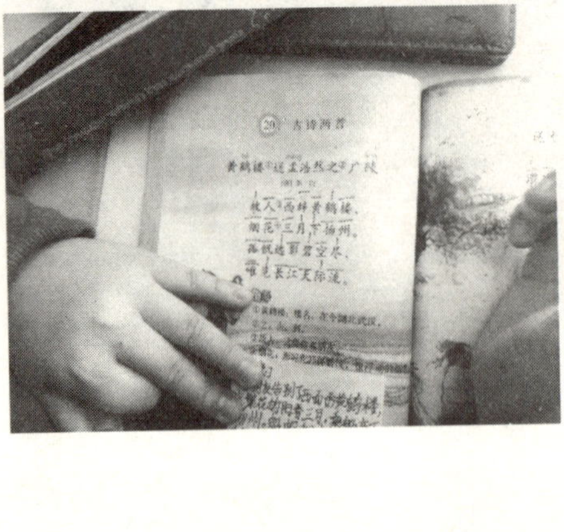

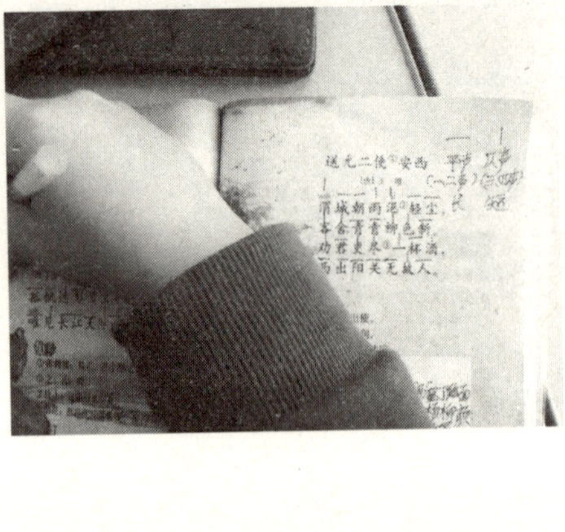

专题九：发现景物之妙

阅读教室　第 66 天

下午的课以复习古诗开始，主要是让学生体味古人吟诵与今人朗读的差别，让孩子们体会古今差异，再引导学生认识建筑的差别，带动孩子去阅读课文，去感知教材中对“世界自然文化遗产”的叙述。随后让孩子们对照世界文化遗产名录，看看自己去过几处。结果让我惊讶的是有 6 个孩子一处都没有去过，但也有一个孩子去过至少 22 处，大部分孩子去过 1 到 14 处。针对这种情况，要让孩子对教材上的《长城》《颐和园》《秦兵马俑》产生浓厚的兴趣是有难度的。

我给孩子们讲述我小时候写游记时的糗事：因为没去过某景点，描写景物时都是胡编乱造，从而引发了一系列笑话。由此将教学导入到另一个侧面：我们该如何学习？向谁学？怎么学？并为孩子明确今天的任务：向书本学习，因而第一项任务是画出你认为不错的词或句子。大多数孩子都很认真地对待这个任务，但也有孩子存在应付心理，竟然无视老师的要求，对于整段整段的圈画，我不得不一遍遍提醒孩子，我要求的是圈画词与句而非段落。孩子们大致画好后，我让他们思考并筛选刚刚画出的词汇，要求：如果观察的是周围的景物，圈画出来的字词句有哪些可以利用得上？这样的圈画是从大目标到小目标开始定位，一是为课文的学习做铺垫，二是为明天的课程做准备，也为专一目标，为发挥学习更强的实用性做准备。当然，在这个过程中，也有两个孩子完全没有按要求去做，没能很理想地完成学习的建构。

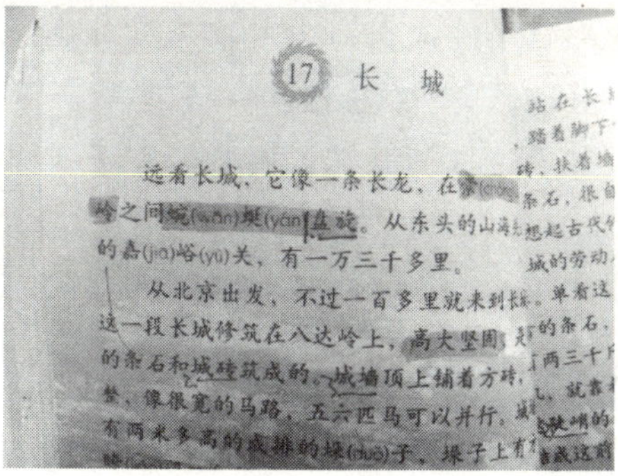

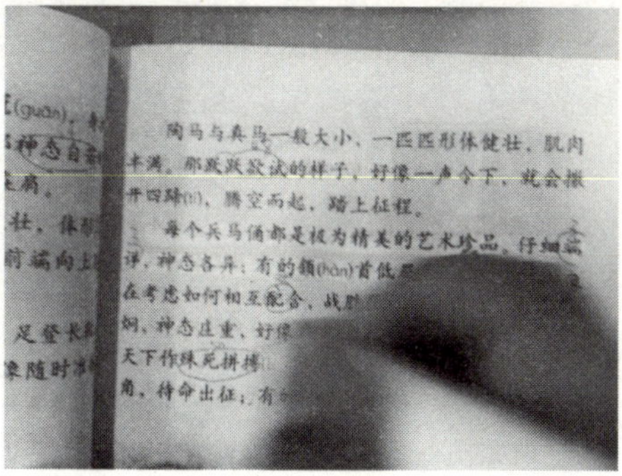

阅读教室　第67天

今天的课继续昨天的内容。首先让孩子们回忆昨天的内容，再回到对课文的感知上，这次的目标是感知三篇课文的观察顺序：《长城》一文的从远到近的顺序，《颐和园》中的地点变换顺序，《秦兵马俑》中的整体到部分的顺序。我让孩子们思考：如果让你去观察一种景物，你会选择哪种呢？如果你选择好了，就仔细读读这篇文章，看是否有可以借鉴的地方。孩子们静心学习后，我让他们带着笔记本与课本到学校附近的群雕“深圳人的一天”进行实地观察。这个雕塑随机选择了1999年11月29日生活在深圳各个层面的18位普通人，真实地将他们翻制成为青铜塑像，并配有个人简介，四块黑色背景墙上雕刻着这一天的城市生活背景资料，以及关于城市的各种数据。这个群雕位于园岭社区，在学校周围，孩子们虽然每天从旁边经过，但从来没有仔细观察过。今天给孩子们这样一个机会，让他们自己仔细去触摸，去感知，带着与平时不同的视角去观察。孩子们或坐，或躺，或动手捏捏，或用脸贴贴，或在旁边跑，或与同伴交流，指指点点，写写画画。我从来没有见到孩子们如此快乐，如此认真地记录。孩子们在这里拍拍照，在那里写写，规定的时间到了以后，似乎个个都依依不舍，有的孩子还相约放学后再去看看。

回到教室后，我让孩子们在对群雕还有印象时整理并记录下自己的所见所得，为习作做好铺垫。虽然设想很好，但我知道，因为学生对课文的观察方法与写作方法只有浅显的感知，只掌握了具体几个词语的运用，所以，目前还难以写成一篇言辞俱佳的习作。不过这只是第一次观察，第一次习作，只是在对课文初步感知基础上的读写结合。对孩子来说，第一次的观察虽然有具体目标的要求，但这些都只是停留在口头上，并没有化作孩子内心真正的需要。其实他们也不知道自己究竟需要仔细观察什么，这一点尚须进一步去引导。但我也相信，有了这样的开端，孩子们有了这样的态度，第二次和第三次一定会更好。

阅读教室　第 68 天

孩子们都有过写写景文的经验，但现场看、现场写的经验或许不多，这对孩子们是一种新的考验。观察景物后过一段时间再写，虽然会忘记一些细节，但脑海里留下的却都是比较深刻的印象。观察后当场写，不会有任何沉淀，但会有很多新鲜东西写。今天一上课，我就问孩子们昨天习作的情况，一个平时习作很好的孩子说：“我介绍了群雕的大概情况，包括每个雕塑的资料（主要是简单的个人资料）以及我的感受。”一个平时习作水平一般的孩子说：“我借鉴了《颐和园》这篇文章里的方法，写我先到了哪里，接下来到了哪里，最后到了哪里，不过因为我记录的不多，所以我写的内容不是很多。”听了孩子们的叙述，联系我早上看的学生习作，我觉得这一切都是正常的。因为孩子们只是初步感知了课文的写法，还不太明白那种写法给予我们的启示，因此，上午两节课主要就是感知课文的写法。我让孩子们结合自己对群雕的印象，用一个词来表述，孩子们纷纷说出了自己的词：惟妙惟肖、栩栩如生、姿态不一、神态自若、个性鲜明、极为精美。这些印象其实是基于雕像本身而言的，但有一个孩子说：“我跟他们都不一样，我觉得是‘舒服’，看着这些景，看着这些雕像，我觉得很舒服。”其实“舒服”这个词比“美丽”“伟大”等词语的感受更直接，其实这才是孩子们真实的感受，也是创作群雕的主旨。我顺着这个孩子的思路提示他，是不是因为景和雕像给自己的印象。我问他有没有将这些印象写进作文里，有没有围绕着这些印象来写？

我让孩子们翻开教材，看看教材中是如何突出景物特点的，读读课文再想一想，运用类似“××的长城”或者“××的颐和园”，或者“××的秦兵马俑”的句式，孩子们很聪明，很快就找出了概括性的词语。但这样做的目的只是让孩子明确，作者对于长城、颐和园、秦兵马俑有这样的印象，才围绕它选择相关材料。我们的习作是不是也应该如此呢？对教材的研磨花去了很长时间，但我认为这是值得的。明天的课我会让孩子们沿着自己总结的概括性的“印象”去课文中寻找相关的赏析。然后再回到自己的习作，开始第二次实地观察和第二次习作，这样，下一次的观察与习作就会更为集中一些，与教材的结合就会更紧密一些，更有实效一些。

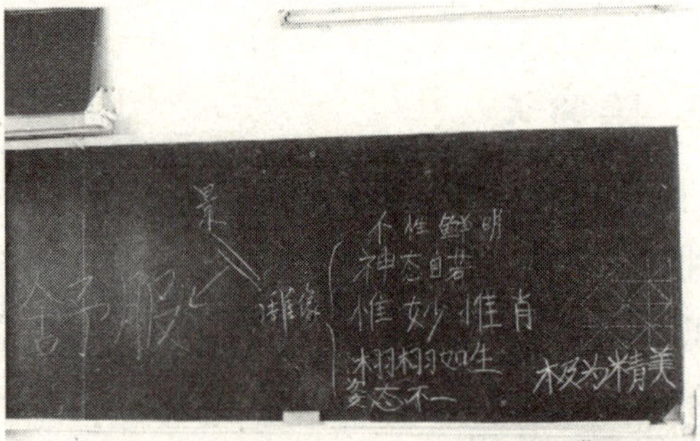

阅读教室　第71天

今天的课堂从练习题的纠错回到对单元的学习上。我让孩子们回忆，在《长城》《颐和园》《秦兵马俑》这三篇文章中，三处景物描写各有什么特点？然后思考：为什么这三处景物会被评为世界文化遗产？它们都有什么独特之处？在课文中试着找找。我让孩子们把书中认为可以证明景物独特之处的句子圈画出来。孩子们圈出来的有“从东头的山海关到西头的嘉峪关，有一万三千多里”“每一间的横槛上都有五彩的画，画着人物、花草、风景，几千幅画没有哪两幅是相同的”“这么多的狮子，姿态不一，没有哪两只是相同的”等句子。最让我惊讶的是，在说到长城的时候，有一个孩子说从一些数字就可以看出长城的独特：“两米多高”“三百多米”“五六匹马”，特别是“单看这数不清的条石，一块有两三千斤重。那时候没有火车、汽车，没有起重机，就靠着无数的肩膀无数的手，一步一步地抬上这陡峭的山岭”。这句里的“数不清”“两三千斤重”，还有“没有”“就”等词，都可以看出长城的独特。这个孩子综合了更多的词语进行说明，恰恰是我想要看到的状态。借此机会，我让孩子们回忆曾观察过的群雕“深圳人的一天”，启发他们说说这处景物的独特在哪里，跟以往的景物有什么不同。他们认为，独特的就是它很普通，这让我糊涂了，为什么说是普通呢？原因如下：① 雕塑的原型都是普通人；② 墙上的文字记录都是普通的一天的城市的表象，没有什么特殊；③ 那里没有围墙，也不收门票，每个人都可以去，普通到平时都没有人注意它们。还有一个孩子说，人们可以去触碰这些雕塑，但是其他地方不可以，这也是其普通之处。孩子们的理由让我感到惊讶，也让我达到了目的，接着我让孩子们回忆曾经写过的对群雕的印象。下课前，我让孩子们思考：如果再去观察雕塑，又会怎么样呢？是不是还会毫无目标呢？

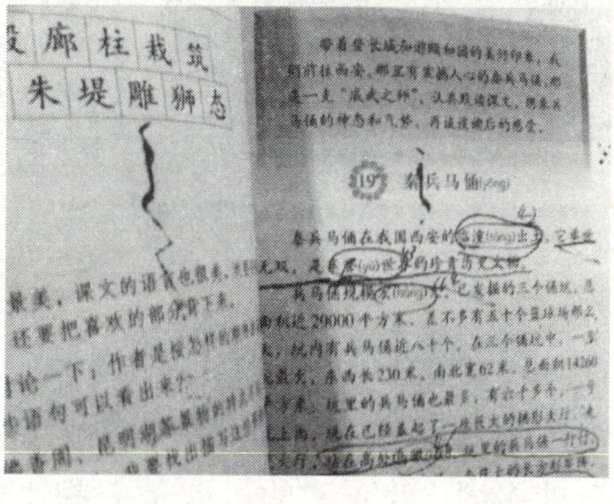

阅读教室　第 72 天

下午第二节课是班会课，我刚好利用这点时间再次带孩子们去观察群雕。临行前，我让孩子们再回忆一下自己第一次观察后的印象，并试着用

“××的‘深圳人的一天’”的句式来思考，如果选定了某一种印象，再次观察的时候就要围绕着它去观察。观察限定时间为20分钟，但这次观察的目的性更强，指向性更加明确了。孩子们观察得很仔细，有的孩子甚至为了证明栩栩如生这个词，把尺子都带去了，用来测量雕塑。于是，我将今天的作业题目确定为“××的‘深圳人的一天’”，到底结果如何，明天就可以知道了！

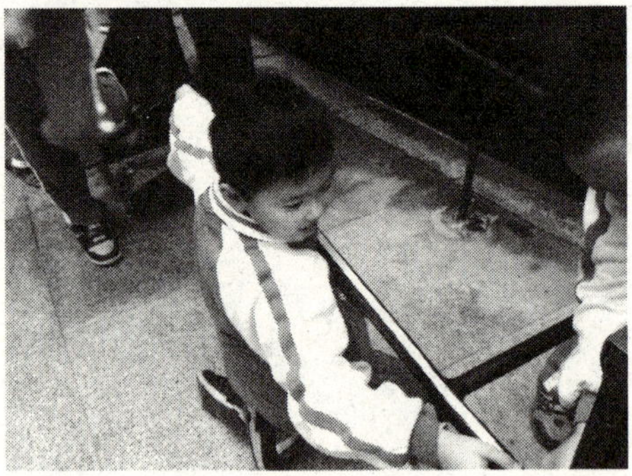

阅读教室　第73天

今天是继续昨天观察后的习作。首先，我让孩子们说说自己作文题目的前缀词，我预测的可能是一些比较熟悉的诸如栩栩如生、普通等，没想到这次他们写出来的竟然没有一个是相同的，比如，活灵活现、独特等前缀词，都是我没想到的。课堂的展开以小组的交流开始，我提醒孩子们要注意借鉴同伴的写法和比较好的词语，更要注明都是从哪位同学那里学习来的，我们要选出一位被学习最多的同学在第二节课代表小组进行汇报。

说实话，目前这种小组交流模式可以避免许多孩子无所事事，或只顾交流而不倾听的状况，不过还是会有学生游离于整个学习氛围之外。所以，这节课的汇报内容就调整为“我从某同学那里学到了……”，让整个汇报交流更实用，更具有指向性，孩子们的汇报也体现出了这一点。

第二节课汇报开始后，我对所有倾听的孩子提出了一个要求：每个人都要记录“我从汇报的同学那里又学到了什么”，没想到，后面汇报的孩子竟然可以将前面汇报的内容融入自己的汇报中，这让我很欣慰，因为他们终于明白了学习的意义，学习是无处不在的，它可以不断变化。汇报结束后，按照惯例，我会给孩子们留出一些时间整理所得，从孩子们的习作可以看出来——虽然习作已经被改得面目全非，但这样的学习反而证明了孩子们在不断地修正。这比老师一篇篇一句句地帮忙修正的效果要好得多，因为它是“主动”而非“被动”的。于是，今天的作业就确定为：重新整理自己的习作。

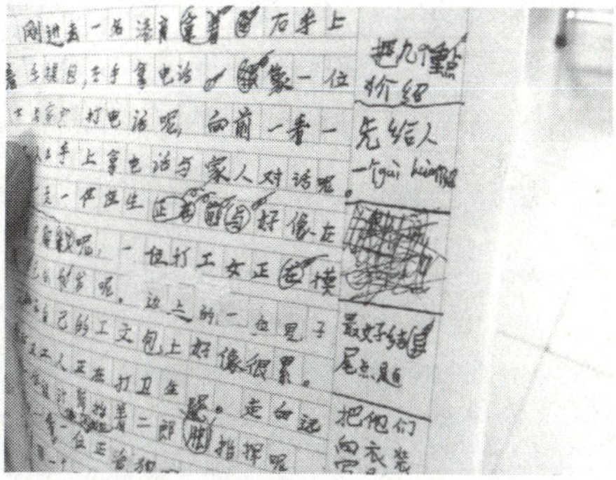

专题十：发现与感知之词语

阅读教室　第75天

今天课堂的主要任务是感知第七单元的课文，对于第七单元“成长”的话题，我认为选文还比较单薄，因为篇幅等原因，删除了较多的情景描写，这样的选文带给孩子“成长”感知的效果是极其细微的。因此，我只将目标定位在对内容的感知上，作为“成长”专题，将其作为四年级下学期的重点专题来做，所以，课堂教学定位在对字词与句式的感知上。首先，我给孩子们10分钟的时间通读这四篇课文，让他们仔细阅读书中所有标注拼音的字词，并比较哪些读音跟平时的读音不太一样。汇报时，我让孩子们用“我有这样一个读音提醒同学们注意，它在某页某行”这样的句式来表达。孩子们很快就找到了诸如受益匪浅、年逾古稀、一时语塞、惬意等词中的匪、逾、塞、惬等词语的读音，而这些读音恰恰是比较特别，平时又容易误读的，孩子们能够主动找出来，这种状态比我提出来的效果要好很多。我又给了孩子们10分钟的时间，让他们在每篇文章中找出1至2个让自己印象深刻的句子，并在旁边标明自己的理解。孩子们对此已经不陌生，很快就找到了感知目标并做了相关的标注，随后的汇报也很好地体现出了这一点。这样的感知也加深了孩子们对课文内容的理解。

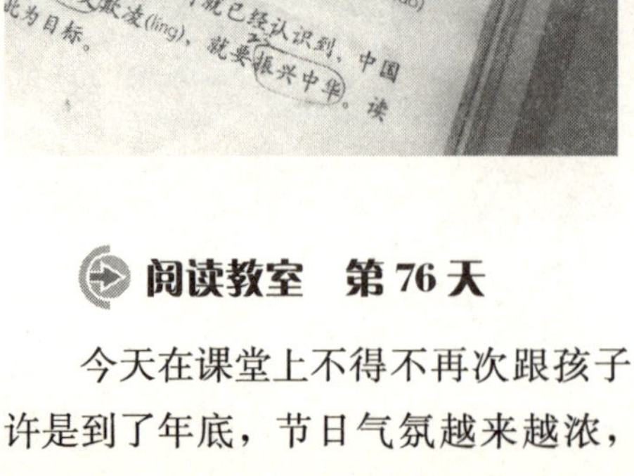

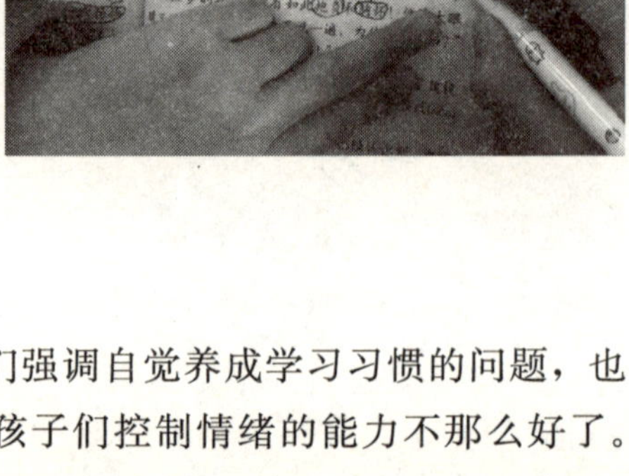

阅读教室　第76天

今天在课堂上不得不再次跟孩子们强调自觉养成学习习惯的问题，也许是到了年底，节日气氛越来越浓，孩子们控制情绪的能力不那么好了。

今天的专题是感知第八单元，本单元以科学小品文为主，我将目标定为：你从这四篇课文中学到了什么，或是看到了什么不同的知识。

阅读教室　第 78 天

今天继续对第八单元进行感知教学。这个单元主要是科学小品文，它兼具说明文的严谨与记叙文的生动，对于四年级学生来说，这种体裁与以往有些不同。因此，我在上节课感知新知识的基础上，继续让他们感知科学小品文用词的严谨性。我让孩子们从四篇课文中各找出一句用词准确的句子，他们都很认真，在圈画过程中，我不断提醒孩子们，找到了自己需要的句子时，一定要在自己认为用词准确的句子旁做重点标记。但是，汇报交流时出现了问题，虽然他们能找到相关语句，但所找的词语多是生动描写而非准确描写，于是我针对孩子们找出的句子做了个示范：帮助他们分清什么是准确和什么是生动。孩子们很快就能找出表达准确的词语，比如，“恐龙的一支后来进化成鸟类”的“一支”；“科学家推测”中的“推测”一词，这些用词让孩子们感受到了科学小品文的精妙，这恰恰为下学期的科普阅读做了良好的准备。

第二节课则根据孩子们的知识盲点——书信格式进行讲解。我一直认为，这类知识属于直接讲授类别，我用了 PPT 的形式讲解，本来以为孩子们只会倾听，没想到所有的孩子都拿出笔开始记录，这是我没有想到的，看来倾听与记录别人的话语已成为孩子们的学习方式之一。对此，我甚感欣慰。

总之，四年级上学期的阅读素养课程主要以以上十个专题为主，相对

而言，较侧重于“教材教学的切入角度”。平均一个多星期一个专题，加上复习、考试等各种学校活动的时间，一学期下来，课程安排非常紧张。仔细分析，每个专题都不是单一的进程，每个专题都是与教材、学生生活和童书相结合的一个过程，同时，各专题相互之间是螺旋上升的。每个专题都有别于教材所选内容的触发点：相同的内容主题，都结合了学生学习的出发点——语用角度，也就是从培养学生运用语言的角度来考查。

阅读素养培养体系——四年级下学期

四年级下学期是在阅读教室环境下推进阅读素养课程非常重要的一个阶段。一方面，孩子们已经熟悉教室的方方面面，教师可以集中将精力放在对课程的开发上；另一方面，课程体系已逐步开始向“统编教材与自主开发教材各占一半”的阶段过渡。

通过四年级上学期对专题学习方式的摸索，下学期时，我希望每一个专题都能结合教材的选文特点以及单元习作的要求，从学生的知识基础和已有经验出发，结合教材，从“可以借鉴什么”的角度来学习，并借由学生对教材的考量结果，初步接触需要习作的内容，形成第一次习作，然后再回到教材，利用自己的习作与教材的选文进行对比，深入学习教材选文，形成第二次习作。这时再延伸阅读，以更宽的视野将第二次习作与补充选文做对比，学会借鉴选文特色，形成第三次习作。这个过程，将阅读与写作的过程融合起来，打破了阅读与习作的人为界限，让二者相互结合、相互影响、相互促进，不再是单纯的“阅读为写作服务，写作对阅读促进深化”的状态。这是一条非常清晰的脉络：从学生的需求出发，学习借鉴，对比与结合，反思与梳理，从而提升学生的能力。

为此，在进行四年级下学期的课程之前，我做了如下准备：

四年级下册教材体系概览

一、第一单元

（一）阅读

主题：走遍千山万水

篇目：《独坐敬亭山》《望洞庭》《忆江南》《桂林山水》《记金华的双龙洞》《七月的天山》

（二）习作

主题：写校园景、物、事

要求：我们热爱自己的校园：它也许像一座美丽的花园，绿草如茵，花团锦簇；它也许仅有几座平房，几棵老树，一个小操场。不管怎样，在可爱的校园里，我们都度过了许许多多快乐的日子。让我们到校园里走一走，看一看，选一处景物，仔细观察一下，再把观察到的景物按一定的顺序写下来。注意把内容写具体，语句写通顺。

如果不想写校园里的景物，也可以写别处的景物，或者写写发生在校园里的难忘的事。

（三）知识点

主题：认识排比句

要求：

【课文例句】漓江的水真静啊，静得让你感觉不到它在流动；漓江的水真清啊，清得可以看见江底的沙石；漓江的水真绿啊，绿得仿佛那是一块无瑕的翡翠。

小林：我发现作者用三个相同的句式描写了漓江水“静、清、绿”的特点。

小东：用相同的句式描写一个事物，在这组课文里还有一些呢！比如，《桂林山水》中描写桂林的山的特点的句子；《七月的天山》里描写溪流两岸的野花的句子。

小林：我觉得可以这样写……

二、第二单元

（一）阅读

主题：以诚待人

篇目：《中彩那天》《万年牢》《尊严》《将心比心》

（二）习作

主题：写自己的心里话

要求：在自己成长的过程中，你是不是有很多心里话想说，却没有机会说出来？这一次，就让我们在自己的习作中一吐为快吧！例如，可以对老师说，为了我们的成长，您操碎了心；可以对妈妈说，我已经长大了，别再把我当小孩看待；可以对邻居叔叔说，谢谢您多年来对我们家真诚的帮助；可以对小伙伴说，我们不要再互相起外号了，这样不文明……总之，敞开心扉，把自己最想说的心里话，在习作里对对方说出来。说心里话，就一定要真实，要说出内心的想法。写完以后可以读给对方听，再根据别人的意见进行修改。

（三）知识点

主题：在自己成长的过程中，你是不是有很多心里话想说，却没有机会说出来？这一次，就让我们在自己的习作中一吐为快吧！例如，可以对老师说，为了我们的成长，您操碎了心；可以对妈妈说，我已经长大了，别再把我当小孩看待；可以对邻居叔叔说，谢谢您多年来对我们家真诚的帮助；可以对小伙伴说，我们不要再互相起外号了，这样不文明……总之，敞开心扉，把自己最想说的心里话，在习作里对对方说出来。说心里话，就一定要真实，要说出内心的想法。写完以后可以读给对方听，再根据别人的意见进行修改。

要求：

小林：小东，你每次习作都写得不错，有什么好方法吗？

小东：根据我的经验，平时多动笔对提高习作水平很有好处。

小林：还有呢？

小东：留心观察也很重要。平时，我比较注意留心观察周围的事物，还随时把观察到的写下来。

小东：我还体会到，平时多看课外书对习作也很有帮助……

三、第三单元

（一）阅读

主题：大自然的启示

篇目：《自然之道》《黄河是怎样变化的》《蝙蝠和雷达》《大自然的启示》

（二）习作

主题：写大自然中的观察和发现

要求：在这次综合学习中，我们对大自然给人类的启示有了更多的了解，收获也一定很多。我们要开一次学习成果汇报会，可以介绍收集到的有关大自然的启示的资料，也可以谈谈自己了解到的发明创造的事例，还可以谈谈自己从动植物身上得到了哪些启发，想发明什么东西。

先分成小组交流，再派代表在班上汇报。汇报时，听的人有不明白的地方可以向其他人请教和交流，再把自己在综合性学习中的发现写下来，也可以把活动经过或心得写下来。写完后，同学之间互相帮忙修改。

（三）知识点

主题：体会副词的表达效果

要求：

科学家经过反复研究，揭开了蝙蝠能在夜里飞行的秘密。

科学家经过反复研究，终于揭开了蝙蝠能在夜里飞行的秘密。

如果不是我们，这些海龟就不会受到伤害。

如果不是我们，这些海龟根本就不会受到伤害。

令人难以相信的是，它们之中有的能够朝夕与共，和睦相处。

令人难以相信的是，它们之中有的居然能够朝夕与共，和睦相处。

用上带点的词语，句子的意思就……

四、第四单元

（一）阅读

主题：战争与和平

篇目：《夜莺的歌声》《小英雄雨来》《一个中国孩子的呼声》《和我们一样享受春天》

（二）习作

主题：看图写想象

要求：下面这张照片是1937年8月28日，日本侵略者轰炸上海火车南站时，被记者拍下来的真实情景。仔细观察照片，想一想这个小孩为什么哭？他的父母在哪里？当时可能发生了什么事？这个孤独的孩子以后的命运如何？联系照片上的人和景，把你看到的和想到的写下来。内容要具体，语句要通顺，要表达出自己的真实情感。

（三）知识点

主题：体会比喻句表达的感情色彩

要求：妈妈还是死命追着不放，到底追上了，可是雨来浑身光溜溜的像条小泥鳅，怎么也抓不住。

雨来像小鸭子一样抖着头上的水，用手抹一下眼睛和鼻子，嘴里吹着气，望着妈妈笑。

那双手就像鹰的爪子，扭着雨来的两只耳朵，向两边拉。

她似乎感到德军那几双恶狼般的眼睛都盯在越来越短的蜡烛上。

这两组句子中带点的部分表达了不同的感情……

五、第五单元

（一）阅读

主题：热爱生命

篇目：《触摸春天》《永生的眼睛》《生命生命》《花的勇气》

（二）习作

主题：写热爱生命的人和事

要求：

我们学习了本组课文，还收集了有关的资料，对生命有了进一步的认识。让我们把这段时间的学习收获和大家交流一下，可以说说自己了解到的生命现象，也可以说说身边的那些热爱生命的故事，还可以说说自己获得的感受、得到的启发。

在全班交流的基础上，选择自己感受最深的内容写下来。内容要具体，要写出真实的感受。习作的题目由自己定，写完后认真修改。然后整理习作和收集到的资料，办一期以“热爱生命”为专题的主题墙报。

（三）知识点

主题：体会句子的含义

要求：

小林：我在读课文的时候，发现一些句子有较深的含义，需要我们细细地体会。

小东：是呀。比如，《生命 生命》中有这样的句子：“我可以好好地使用它，也可以白白地糟蹋它。”我刚读到这句话的时候，理解很肤浅。

小林：我也是一样。仔细想了想，知道这句话包含的意思是，我们要珍惜生命，让有限的生命发挥出最大的价值；不要虚度年华，无所作为。体会句子包含的意思，还有其他的方法，比如，联系时代背景，联系自己的生活经验。

小东：让我想想，举个这样的例子……

六、第六单元

（一）阅读

主题：田园生活

篇目：《乡下人家》《牧场之国》《乡村四月》《四时田园杂兴》《渔歌子》《麦哨》

（二）习作

主题：写乡村生活的感受

要求：在综合性学习活动中，我们对乡村生活和田园景物有了更多的了解和感受。让我们一起来交流学习的收获。可以说说对田园风光的感受、体验，也可以展示自己收集到的图片和文字资料，还可以谈谈活动过程中的见闻或趣事，等等。先在小组里交流，再选出代表在全班介绍。然后评一评谁的收获大、感情深。

在口语交际的基础上，把自己最想写的内容写下来。可以写自己经历的，也可以写听到的、看到的或想到的，可以是景物、人或物，也可以是感受或体会。写的时候，把想写的内容表达清楚，还要注意运用积累的优美词句。写完后认真读一读，改一改。

（三）知识点

主题：认识拟人句

要求：

不光是我一朵，一池的荷花都在舞蹈。

不再胆怯的小白菊，慢慢地抬起它们的头。

成千上万的小鸡，成群结队的长毛山羊，在见不到一个人影的绿草地上，安闲地欣赏着这属于它们自己的王国。

我发现句子中带点的部分……

七、第七单元

（一）阅读

主题：执着的追求

篇目：《两个铁球同时着地》《全神贯注》《鱼游到了纸上》《父亲的菜园》

（二）习作

主题：写自己敬佩的一个人

要求：在我们身边，有很多值得敬佩的人。他可能是每天利用业余时间刻苦学习外语的妈妈，也可能是苦练书法的小伙伴；可能是不畏寒暑、默默工作的清洁工人，也可能是自强不息、努力拼搏的叔叔、阿姨……选择其中的一位，通过具体事例，夸夸他们执着追求的精神。如果你觉得他的其他品质也令你敬佩，也可以说一说。要把事情说清楚，表达出自己的敬佩之情。

在口语交际的基础上，写一篇习作，要把自己所写的人的精神风貌表现出来。内容要具体，语句要通顺。写完以后要认真修改。

（三）知识点

主题：了解双引号的作用

要求：

罪恶的子弹还威胁着娇嫩的“和平之花”。

说他“特别”，因为他爱鱼到了忘我的境界。

他在学校念书的时候，同学们就称他为“辩论家”。

像这样一条多灾多难的祸河，怎么能成为中华民族 的“摇篮”呢？

这里的引号表示特定的称谓，和平环境像花朵一样美好，也像花朵一样娇嫩，容易受到破坏。

这里的引号表示特殊含义需要强调，指聋哑青年与其他观鱼人不同，爱鱼画鱼到痴迷的地步。

这里的引号具有特殊含义，伽利略并不是真的辩论家，但他勤于思考，能言善辩，这是同学们送给他的雅号。

这里的引号有特殊的含义。意思是黄河流域是中华民族的发祥地之一，不是一般“摇篮”的意义，即养育婴儿之处。

八、第八单元

（一）阅读

主题：故事长廊

篇目：《寓言两则——纪昌学射、扁鹊治病》《文成公主进藏》《普罗米修斯》《渔夫的故事》

（二）习作

主题：自由表达

要求：这个学期很快就要过去了。除了我们在习作中已经写的那些内容，大家心里可能还有很多想写而没有写的内容。这次习作就让我们自由表达。可以结合本组课文的学习，写一写听别人讲故事或给别人讲故事的情景；可以发挥自己的想象，编一个寓言或童话；可以写一写自己的梦想或希望；可以把自己关注的人和事写进习作……总之，我们可以采用不同的形式，自由地表达自己想写的内容。在习作前，先认真想一想自己最想写什么。写的时候要把内容写清楚，学习运用平时积累的语言材料。

（三）知识点

主题：学习怎样抓住文章的主要内容

要求：

小林：小东，你把课文的主要内容说得这么清楚、明白，有什么好办法吗？

小东：有。我先把课文读两遍，对课文内容有个大致的了解，再一部分一部分认真地阅读，了解每一部分主要讲了什么，然后把各个部分的主要意思连起来，就抓住了课文的主要内容。

小林：你能举个例子吗？

小东：就拿读《普罗米修斯》来说吧，初读课文，知道讲的是普罗米修斯为人类拿取火种而受到宙斯惩罚的事。再一部分一部分认真地阅读，知道第一部分讲的是天神普罗米修斯冒着生命危险拿取火种给人类；第二部分讲众神领袖宙斯知道后要惩罚普罗米修斯，火神不敢违抗命令，只得将他锁在悬崖上，普罗米修斯受尽了折磨；第三部分讲大力神赫拉克勒斯救了普罗米修斯，使他获得了自由。然后把以上三部分的大意连起来，就抓住了主要内容。

小林：这个办法真不错，在今后的阅读中我也要试一试。

阅读教室课程统整计划

主题一：发现景之美

教材主题：走遍千山万水、田园生活

教材篇目：《独坐敬亭山》《望洞庭》《忆江南》《桂林山水》《记金华的双龙洞》《七月的天山》《乡下人家》《牧场之国》《乡村四月》《四时田园杂兴》《渔歌子》《麦哨》

作文主题：写校园景、物、事；写对乡村生活的感受

统整计划：（1）再次回到上学期写的“深圳人的一天”的作文，小组阅读、自己记录修改，在上学期的基础上重新形成一篇习作。（2）拿自己的习作与《记金华的双龙洞》《七月的天山》《乡下人家》《麦哨》做对比，延伸出“观察顺序”与“写作顺序”，为了方便学生的理解，适时引入“图像化”概念，即这三篇写景的文章各描写了几幅画面，每幅画面之间是如何过渡的？并进行对比：我自己的作文中有几幅图？（3）再次观察“深圳

人的一天”雕塑，想一想，自己观察到了多少个画面？我该如何将这些画面串联起来写成第二次作文。(4) 将自己的习作与课文《桂林山水》《牧场之国》做对比，目的是让孩子从“特点”的角度审视自己的多幅画面，学会取舍，特别是《牧场之国》中的涉及“这是真正的荷兰”的写法，形成第三次习作。(5) 学习六首古诗，中间穿插练笔：将诗意变成一篇写景的小片段，让练笔与古诗文对比，再对比自己的第三次习作，掌握语言的精炼与到位，形成第四次习作。

主题二：发现科学之真

教材主题：大自然的启示

教材篇目：《自然之道》《黄河是怎样变化的》《蝙蝠和雷达》《大自然的启示》

作文主题：写大自然中的观察和发现

主题三：发现人性之妙

教材主题 ：热爱生命、执着的追求、以诚待人

教材篇目：《触摸春天》《永生的眼睛》《生命生命》《花的勇气》《两个铁球同时着地》《全神贯注》《鱼游到了纸上》《父亲的菜园》《中彩那天》《万年牢》《尊严》《将心比心》

作文主题：写热爱生命的人和事；写敬佩的一个人；写自己的心里话

主题四：发现故事之善

教材主题：战争与和平、故事长廊

教材篇目：《夜莺的歌声》《小英雄雨来》《一个中国孩子的呼声》《和我们一样享受春天》《寓言两则——纪昌学射、扁鹊治病》《文成公主进藏》《普罗米修斯》《渔夫的故事》

作文主题：看图写想象；可以结合本组课文的学习，写一写听别人或给别人讲故事的情景；可以发挥自己的想象，编个寓言或童话；可以写一写自己的梦想或希望；可以把自己关注的人和事写进习作……

从上面的不完整计划来看，四年级下学期缩小了专题的数量，将教材的教学顺序完全打乱，并根据专题的需求重新组合。这四个专题分别是：“发现景之美”“发现科学之真”“发现人性之妙”和“发现故事之善”。

四年级下学期四个专题

专题一：发现景之美

阅读教室　第93天

今天只有一节课，一上课我就询问孩子们是否将上个学期用过的作文本带了回来，结果仍然有一小部分学生没有带回来，原因很多，许多孩子以为没有用了，就当作废纸卖掉了。这也很正常，但我之所以需要这个作文本，是想找到上学期的一篇作文，即《××的“深圳人的一天”》，上学期，我们在这篇文章上下了很大的功夫，由于时间的缘故，还没有好好地讲评。这学期学教材的一个主题就是“发现景之奇”，正好可以从孩子们的习作开始展开教学，这也是统整教学的出发点——孩子们的先备经验。由于当时作文的草稿写在日记本上，还可以找到，所以我将教学目标稍作调整，从引发孩子们的先备经验调整为对教材中课文的感知。教材中的课文各有特性，我也提前将教材中的写景文章做了调整，将第一单元与第六单元的课文整合为一个主题，同时根据其特性及学生的习作习惯将其中的课文做了分类。将先备经验与教材课文对比后，确定选文为教材的第3、4课及第21、24课。所以，这节课我让孩子们先熟悉这四篇课文，附带任务是找出自己觉得比较好的词语、句子以及段落，并用颜色笔圈画出来。这样做的目的是让孩子们熟知《记金华的双龙洞》《七月的天山》《乡下人家》《麦哨》四篇课文的内容，初步感知语言的优美。这四篇课文在写作方法上都运用了移步换景的手法，这种写法恰好是孩子们目前在写景文章方面比较容易忽略且掌握得不是很牢固的地方，把这些课文整合到一起，会让课堂的重心更集中，也会让孩子们在对比自己的习作时，目标更加清晰。

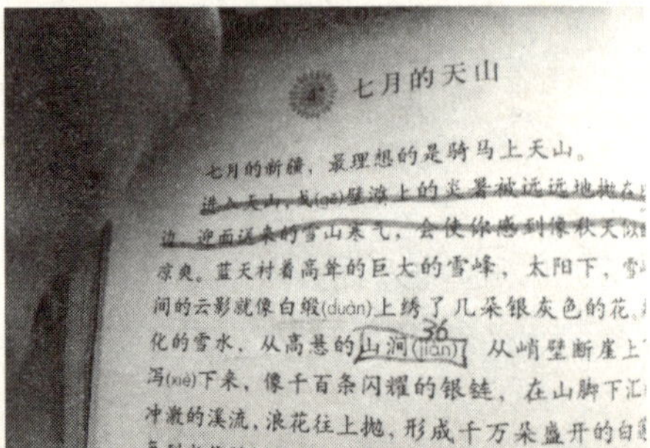

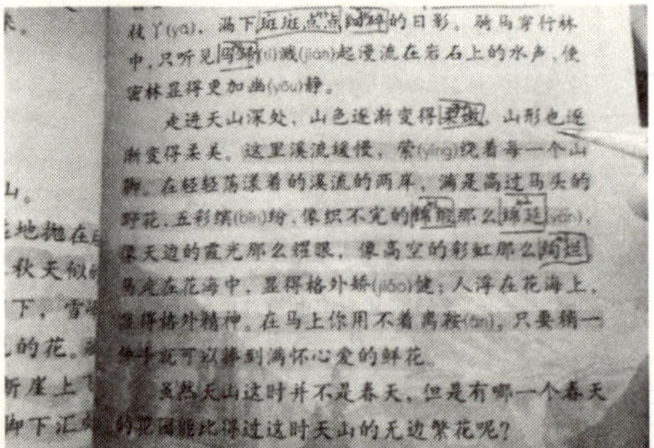

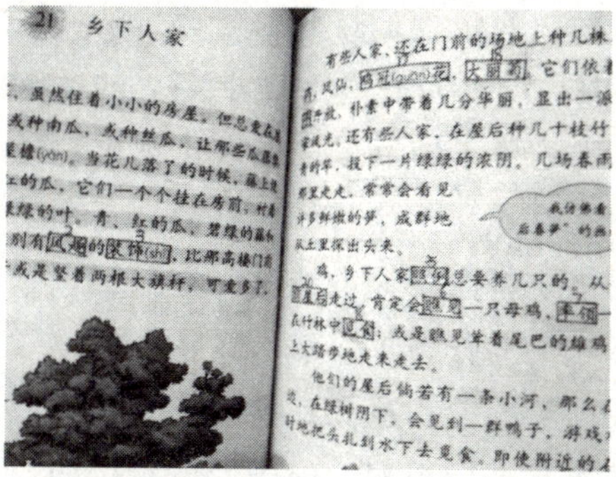

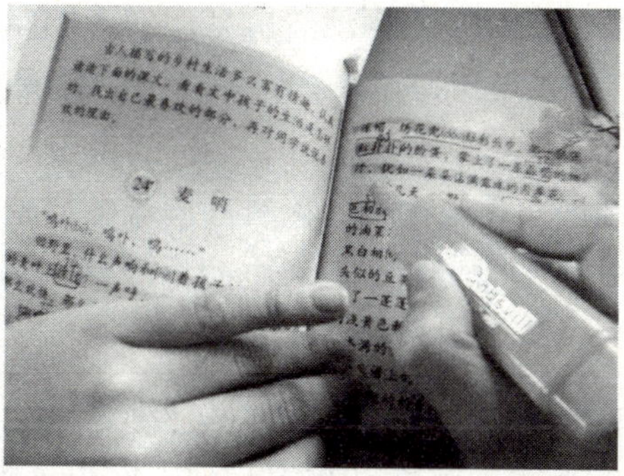

阅读教室　94 天

今天上午只有一节课，我从昨天的课堂内容和家庭作业切入，让孩子们思考："我们为什么要把这四篇文章放到一起来学？"我甚至直接反问孩子们："你们为什么不觉得奇怪呢？为什么没有人来问我呢？"孩子们说，"因为这四篇文章都是写景的"。我反问："难道《桂林山水》不是吗？"有的孩子说，"这些文章都是写动态的，而《桂林山水》则是静态的。"我没有立即表态，而是让孩子们翻到第 22 课《牧场之国》，让他们再看看这篇文章，为什么我们不一起学习这篇文章呢？看完后，这个理由也不能成立。孩子们糊涂了，不知道该如何回答了，其实这也是孩子们的思维定式：以内容分类。这跟我们的教材，跟老师头脑中的习惯定式何其相像呀！这种状态是做"迷你课"的最佳时机，我让孩子们重点关注《七月的天山》这篇课文，尤其要注意第二、三、四自然段的第一句话，即"进入天山，戈壁滩上的炎暑就远远地被抛在后边，迎面送来的雪山寒气，立刻会使你感到像秋天似的凉爽""再往里走，天山显得越来越美""走进天山深处，山色逐渐……"这几句，他们立即就明白了，这四篇文章放到一起是因为都有地点的变化，然后，我让他们依次说出四篇课文中表示地点变换的关键词。虽然在有限的 40 分钟内找出四篇文章中表示地点变换的词语有点难度，但是孩子们并没有不耐烦，反而能感觉到他们兴趣盎然，或许这就是探索的魅力吧。

因为明天要参加一个教学活动，下午两节课都是语文课。课上延续上午的话题，让孩子们寻找四篇课文中表明地点变化的关键词。同时，我告诉孩子们这种写法就是移步换景，也就是平时的观察顺序及写作顺序。在学生找到了不同地点所呈现的不同景色后，我让他们打开自己写过的《××的“深圳人的一天”》一文，看看其中有没有明确表示地点变化的关键词，结果有的孩子说有，有的说没有。我让孩子们反思：如果让你再次去观察这个雕塑群，你想借鉴哪篇文章的观察顺序？这四篇文章分别运用了四种不同的顺序，孩子们根据经验和喜好选择了不同的方法。选好后，我让孩子们回头去读相应的课文，熟悉所选的写作方式，然后，我利用连堂课带着他们第三次来到《深圳人的一天》雕塑前，这次，我没让孩子们带记录本，只是让他们试着用所学的观察方式进行观察。孩子们试着按照自己的方式来观察群雕，试着用移步换景的方法观察。或许他们还没有真正学会这种方式，有不少的孩子突然之间不知道该怎么做了，不过没关系，慢慢地也许就适应了。回到教室后，我趁热打铁，让孩子们以《群雕印象》为题，将自己的所见所得形成文字。到底结果会如何呢？明天就可以知道了。

阅读教室　第 95 天

上午参加完工作室的活动，中午也不敢懈怠，回到办公室就将孩子们昨天的一本本习作练笔粗略地翻了一遍。这一翻，顿时让我有了成就感，此次习作的要求是按照自己选定的观察与写作的顺序重新写作《深圳人的一天》这个雕塑，同时要有明晰的表明“地点变化”的句子。我仔细翻阅了班里 53 本习作的草稿本（一名孩子生病请假），发现几乎完全达到要求的孩子有 51 名，只有两本习作似乎是关键语句不够清晰，这真让我喜出望外，看来，对于四篇课文的挖掘与感知是有效果的，至少指向性比较明确了。但我也发现，虽然句子比较明晰，但孩子们的描写仍然只是统领性的句子较多，具体内容虽然也有，却缺乏生动与具体的描写，不过这恰好可以形成习作与课文的第二次对比，其效果又可以形成第二习作，这就是教学契机。但是我还是要提醒自己，这样的习作还需要我在教学中特别注意。

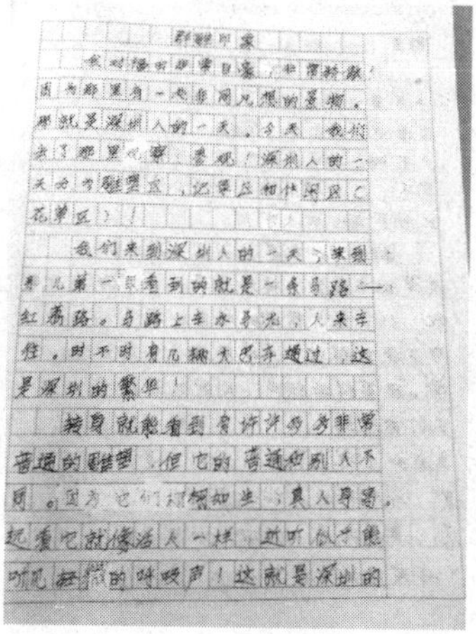

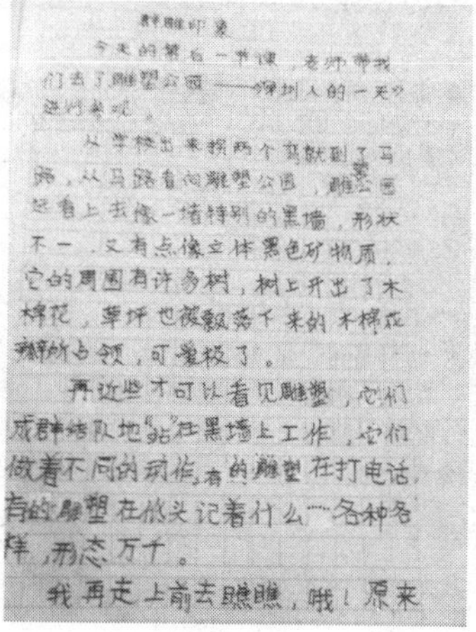
群雕印象

今天的第三节课，老师带我们去了雕塑公园——《深圳人的一天》进行参观。

从学校出来拐两个弯就到了马路，从马路看向雕塑公园，雕塑公园远看上去像一堵特别的黑墙，形状不一，又有点像立体黑色矿物质，它的周围有许多树，树上开出了木棉花，草坪也被飘落下来的木棉花瓣所占领，可爱极了。

再近些才可以看见雕塑，它们成群结队地“站”在黑墙上工作，它们做着不同的动作，有的雕塑在打电话，有的雕塑在低头记着什么……各种各样，形态万千。

我再走上前去瞧瞧，哦！原来

阅读教室　第 96 天

今天的课堂是将孩子们的习作与课文进行对比。首先我将粗略选出来的不同层次的习作分别念给他们听，让他们从不同的文章中进行甄别与选择。同时让孩子们再次回到课文中，看看除了有点明地点变化的关键语句外还有什么。由于时间的缘故，只是再次分析了《七月的天山》这篇课文，赏析的时候，我读了有关地点变化的关键语句，孩子们读了描写的句子。

为了让孩子们在前天习作的基础上将观察所得描写得更具体，我又让他们在小组内念自己的习作，要求每个人都将其他学生写得好的地方记录下来，筛选后再看能否放到自己的文章中。交流积极而热烈，由于时间较短，有的孩子没有念完自己的作文，却还要坚持念完，小组的同学也坚持听完了记录，这让我很惊讶，也是上学期没有看到过的现象。我因势利导，让孩子们重写《群雕印象》，这就是第二次习作。

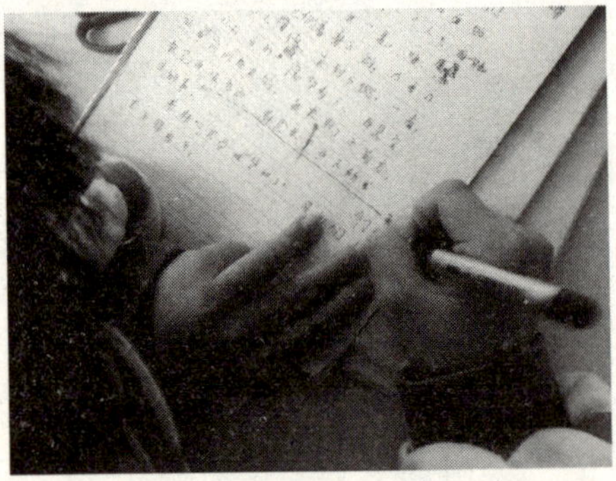

阅读教室　第 100 天

今天的课堂还是对四篇课文的深度阅读，目标是图像化，我始终觉得图像化不仅仅是一种阅读策略，更是写作策略，如果学生在观察结束后，能够在头脑中形成图像概念，能将观察所得转化为一幅幅图像，再以语言的形式将其描述出来，那么，写景文章的教学就算是落到了实处。所以，在学生对于四篇文章已经极其熟悉的基础上，我就特意多用了两节课的时间让学生思索四篇文章中都有哪些画面。教学时，我让孩子们从移步换景的写法出发想一想，作者在移步后换了哪些景。整体上看来，孩子们都能找出不同的画面，只是有的孩子细致一些，有的孩子粗略一些，所以，我在学生感知的基础上，带着他们一个画面一个画面地寻找，规律就是换一个地点就确定一幅画面。学生顺利地找出了《记金华的双龙洞》中的 5 个画面，《七月的天山》中的 3 个画面，《乡下人家》中的 5 个画面。也许有人会觉得这样浪费了两节课，但我却觉得收获很大。

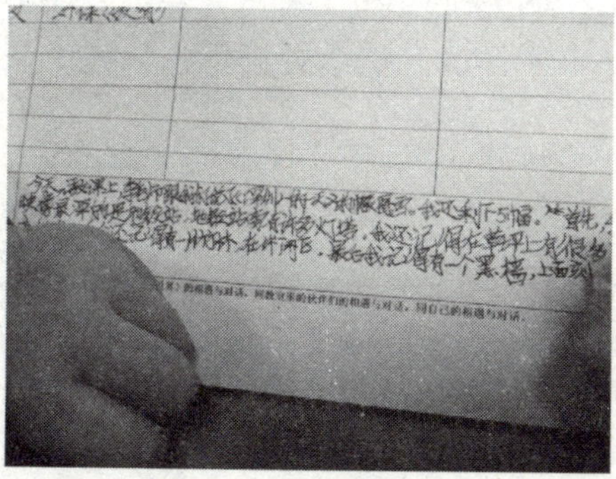

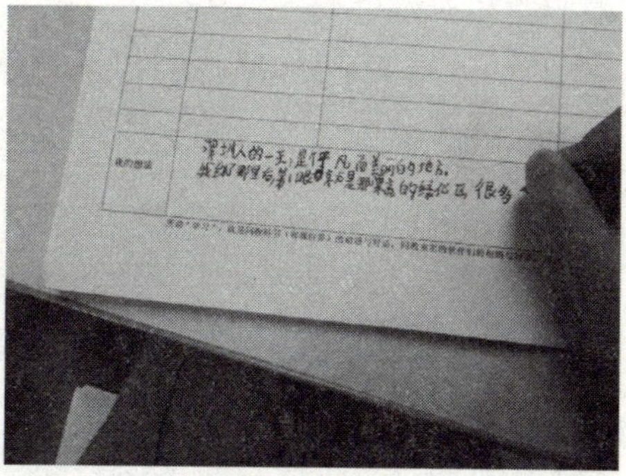

阅读教室　第 101 天

今天继续“浪费”时间，进行图像化的感知与运用。首先，我让孩子们试着阅读第 24 课《麦哨》，并想一想这篇文章又让我们感知到了几个画面？认真阅读后，有人说 5 个，也有人说 6 个。我跟学生一起一段段地分析，最终确认是 6 个图。其实，正如我昨天所说，文字在孩子头脑中能形成几个具体的画面并不是最重要的，关键是让孩子们知道，移步换景的写作方式在地点变化后，随之变换的画面都是不同的，这恰恰是作者记述的重点，也是需要学习的地方。我让孩子们闭上眼思考：我已经去过《深圳人的一天》这个群雕三次了，有哪些画面仍然留在我的头脑中呢？有的孩子说 4 个，有的说 5 个，也有孩子说 10 个。我找了一个孩子来描述，他说出了他的 4 个画面，我让他排个顺序再说，并加上类似“第一幅”“第二幅”这样的导语，他很快就开始了第二次叙述。后来再有孩子举手，我都让他们也按这样的方式依次来说，后来有更多的孩子举手，于是，我让他们将自己的回忆所得写进“学习日志”上“我的收获”一栏。不知不觉中，我们就完成了从教材到实践的认知过程。

第二节课，我让孩子们再次回到四篇课文中仔细思索：课文中的语句，哪些是我可以用到的？我还特别提示孩子们，之前我们圈画的是“我欣赏的语句”，这次目标不一样，要画的是“我用得到的语句”，目的在于将四篇文章中习得的语句尽可能用到自己的文章中。之后，我让孩子们考虑：我们是否可以将第二次习作按照“图像化”的要求重新修改一下，形成第三次习作呢？于是，剩余时间我就交给了孩子们。虽然我很奢侈地“浪费”着时间，抓住这几篇文章不放，反反复复地学习，但每次的学习目的都是不一样的，每次切入课文的角度也都是不一样的。整个过程下来，孩子们形成了三篇习作，明天刚好可以做下对比。

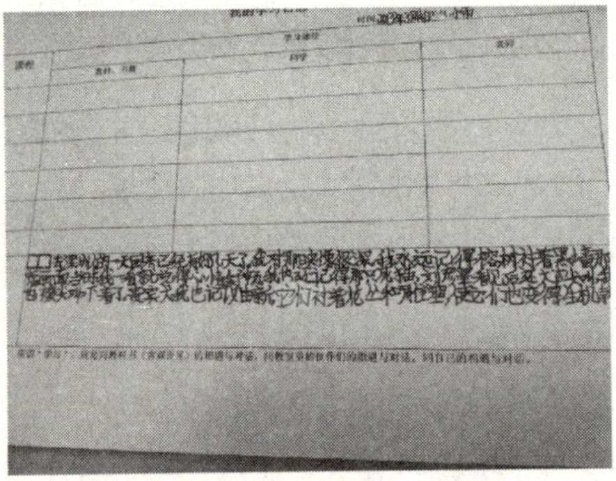

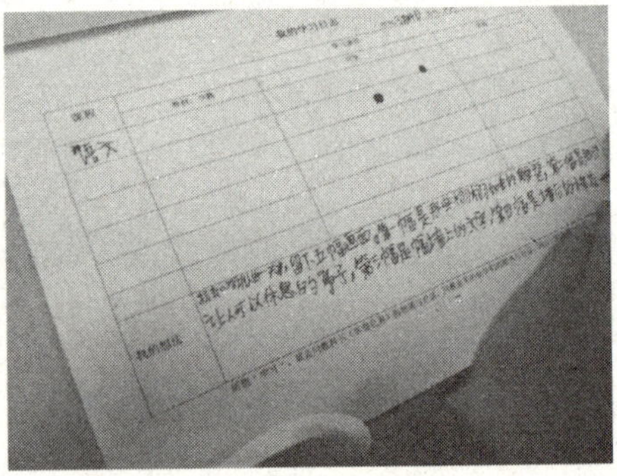

阅读教室　第 102 天

今天只有一节语文课，我们开始接触《桂林山水》与《牧场之国》两篇课文，它们被安排在两个单元之中，虽然也是写景，但写作手法却与其他文章迥然不同：这两篇文章都属于紧抓特点铺展开来写的，与前四篇课文“移步换景”的写法有很大的差别。《桂林山水》一课，一直就是很纠结的文章，可以说这篇课文给总分总写作手法做了很好的铺垫。但《牧场之国》这篇课文是在最近修订版的教材中才出现的，它始终围绕着“这就是真正的荷兰”这一中心句铺展开来，同时，这句话又是由所见而引发的感慨，与《桂林山水》中的较空洞的感慨以及说明方式截然不同。因此，教学时我让孩子们先阅读《牧场之国》，想一想哪句话是重复出现的？这句话出现后，我们应该注意哪个词？孩子们回答“真正”，我问为什么不是“这就是荷兰”，而是“真正”呢？这其实是相对课文中所讲的内容“牧场之国”而言的。我让孩子们对比两篇文章，想一想自己更喜欢哪一篇？结果有 14 人喜欢《桂林山水》，有 40 人喜欢《牧场之国》，原因是，感觉后一篇文章更生动一些，而且写的内容都是我们平时不太熟悉的，而《桂林山水》让我们看到和感觉到的东西似乎少了一些。由于只有一节课，我开始布置作业：收集有关桂林山水的资料，为明天的习作《真正的桂林》做准备。明天的课堂，我准备尝试让孩子们通过学习《牧场之国》改编《桂林山水》，到时候会是怎样的文章呢？一方面要寄希望于孩子们今天所收集的资料，另一方面，我也要准备相应的内容。

阅读教室　第 103 天

今天有两节语文课，一节是惯例课——默写古诗词，孩子们的过关率比起第一周有了比较大的进步，不过关的孩子不到 10 个。第二节课继续昨天的内容，让孩子学习运用《牧场之国》的写法来改写《桂林山水》，课上，我再次让孩子们回到《牧场之国》的课文，看课文第二、三自然段中“这就是真正的荷兰”所处的位置。一个在段尾，一个在段首，我让孩子仔细思考为什么这样写？为什么作者有这样的感慨？接着让他们看看自己收集的关于桂林的资料，哪些可以让自己发出“这就是真正的桂林”的感慨？然后布置作业——习作《这就是桂林》。

阅读教室　第 104 天

今天的语文课，重心在于对古诗词的初步感知，为什么说是初步感知？因为这六首古诗词的信息量非常大，从字义、句意等方面看是一个极其庞大的系统，但我的切入点却不能这么大，而要从现代文阅读的视角切入。我首先问学生有多少人去过荷兰？结果只有 1 个孩子，我又问有多少人去过桂林，结果有一多半的孩子去过。我让孩子们思考：你是如何写作昨天的习作《这就是桂林》的？他们说是通过查询资料写的，有的还把桂林的风景画打印了出来，有的说父母去过。我还试着拿孩子们打印出来的图片问那些没去过的孩子，他们是否知道图片上是桂林的哪些景物？没想到他们都知道。我又接着问：“你的文章里有几处‘这就是真正的桂林’？你为什么会发出这样的感慨？或者哪些内容让你有了这样的感觉呢？”说完我才意识到，孩子们收集的资料是多么丰富，除了山水（原文借鉴）外，他们还写了很多诸如桂林的溶洞、特产、风俗等。我告诉他们，“这就是真正的桂林”其实就是我们情感的抒发，有时候对于景物，我们可能会像前面四篇课文中那样——移步换景，但也可能像《牧场之国》以及自己的习作《这就是桂林》中一样，从不同的情感出发而选择不同的景物来描写，运用这种写法尤为突出的是古诗，今天我们就来看一看第一单元的三首古诗词与第六单元的三首古诗，看一看诗人到底选择了去描写哪些景物？学生很快就找出了古诗描写的景物，我一首一首引导孩子们思考：为什么要选这些景物？它们表达了诗人的哪种情感？我以为这样的思考难度会很大，没想到孩子们很快就感知到了。这节课做了这么多的铺垫，目的就是想让孩子们能够从情感的角度来考量对景物描写的选择，从而完善写景文章的技法：从移步换景到根据情感选择景物的描写。虽然这个过程有些漫长，但我想孩子们还是能够感知到的，毕竟，整个的过程都是从孩子们的已有经验过渡到现在的。

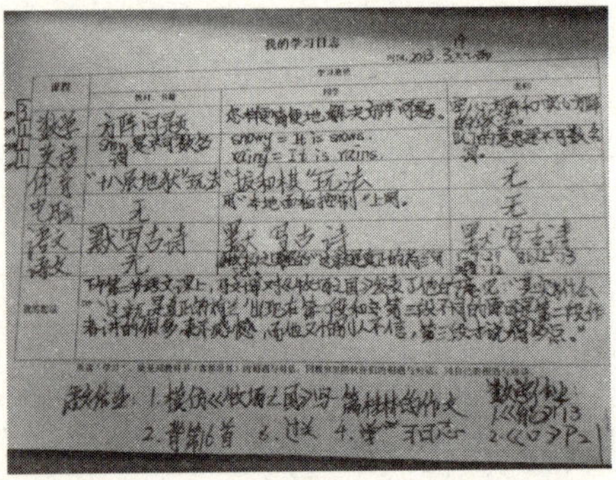

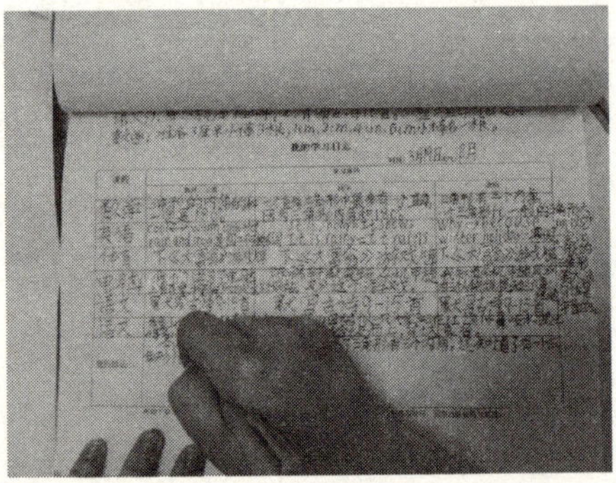

专题二：发现科学之真

阅读教室　第108天

今天开始进入第三单元——“科学的奥秘”这一学习单元，对于科普文章的阅读，我认为应该让孩子们了解KWL表格的应用，在KWL表格中，K是Know的首字母，即“我知道了什么？”（What do I know）；W是What的首字母，即“我想学什么？”（What I want to learn）；L是Learned的首字母，即“我已经学会了什么？”（What have I learned）。这张表格对于学生阅读科普文章特别有好处，它可以让孩子逐步从已知经验过渡到新知识，同时做一个良好的梳理。

课上，我首先导入 KWL 的概念。引入这个概念后，我通过让孩子们阅读第三单元的“单元导读”让他们明确，这个单元的主题是“大自然”，我让学生想一想，关于大自然，大家都知道哪些内容？同时指导他们将知道的内容填入表格中的“K”一栏内，没想到孩子们突然之间不知道该说什么，该写什么了，不过，很快就有一个孩子说出了自己的想法，之后孩子们纷纷打开了思路：有说神秘现象的，有说动物的，有说植物的，也有说自己对大自然的感觉的。同样让我想不到的是，孩子们没有一味随着别人的思路说同一类事情，表达的都是自己知道的事物，而且每个孩子都有自己的想法。之后，我让孩子们再读一下“单元导读”并思考一下，通过学习本单元的四篇课文想要了解什么，并把自己想知道的内容填到 KWL 表格的“W”一栏中。写完后，我让他们念给其他同学听，没想到学生想了解的内容极其丰富，甚至已经超过了这四篇文章所囊括的内容，这并不是跑题，也许只是为孩子拓展了思路，也为科普读物真正走进课堂提供了契机。学生开始阅读四篇课文，将学到的知识逐一填到表格中的“L”栏。由于只有一节课，学生没来得及汇报所得，但从这节课的发展情况来看，学生已经实实在在地掌握了对 KWL 表格的运用，这是我没有想到的。

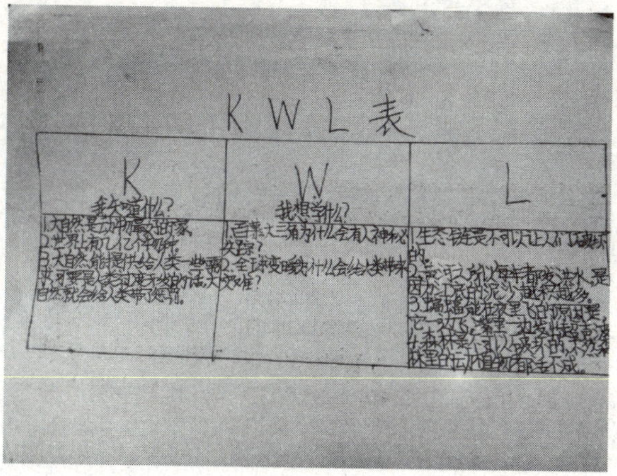

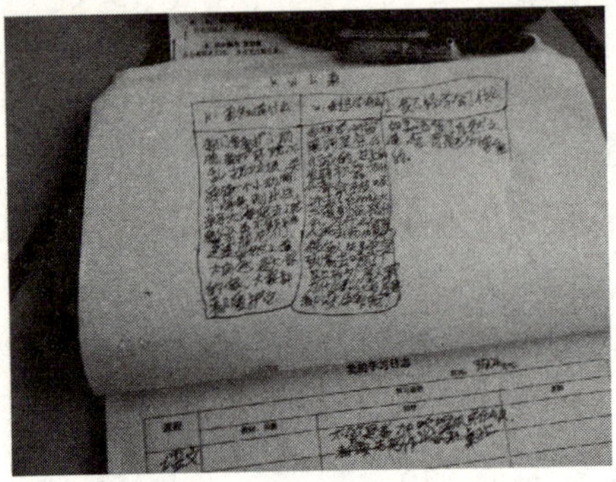

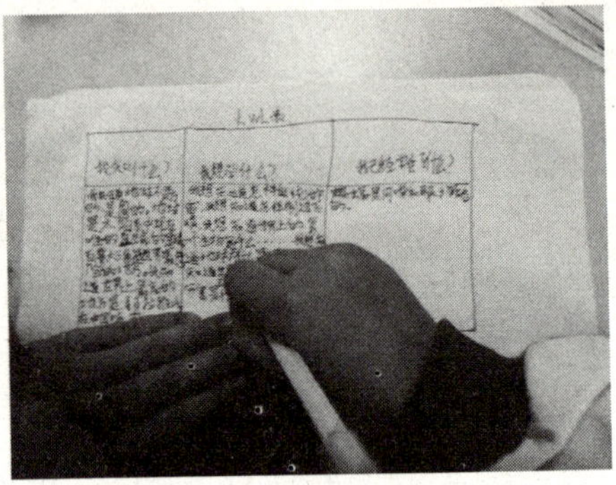

阅读教室　第109天

因为今天有比较充分的时间，我想让孩子们充分了解KWL表格。从昨天对四篇课文的“我学会了什么”入手，让孩子们在组长的组织下，先把四篇课文的题目依次写在海报纸的四周，再在组长的带领下将每位组员读完课文后的所得整理到海报纸上，如果有什么疑问也可以整理到海报纸上。我还特别交代孩子们，要同时将提出问题的同学的名字写上去，孩子们开始了自己的任务。但很快就出现了问题：不少同学在分享自己的所得后对于海报纸的整理似乎漠不关心，似乎与自己没有太大关系，甚至有的孩子开始自己做自己的。我果断决定调整，找出两个已经做完海报纸的小组来汇报，同时允许他们根据自己提出的问题去书架上寻找相关书籍（所选书籍是德国百科全书《什么是什么》）。这个小小的调整让很多本来被动的孩子立即开始行动起来，开始为组长出谋划策，力争尽快完成海报纸的任务。我一直在思考为什么会有孩子分神，原来是我在要求里面没有提“学习日志”中的“向同伴学习”这一条，少了这个关注点，学生自然容易转移注意力。在我的引导下，学生都能找到自己需要的书籍，书籍的力量是强大的，它超出了我的想象。孩子们迫不及待地翻开书，我不得不提醒他们，翻开书之前我们还应该做些什么？还好，孩子们能控制看书的冲动，认真地开始在自己的学习日志上填写KWL表格的“K”和“W”两栏。孩子们会有什么样的表现呢？今天，每个孩子挑选了一本《什么是什么》，我估计至少有40至50本不同的书籍，明天，他们将如何来呈现自己的阅读所得呢？考验我的时候到了，或许这就是做阅读文学圈的最好的契机。

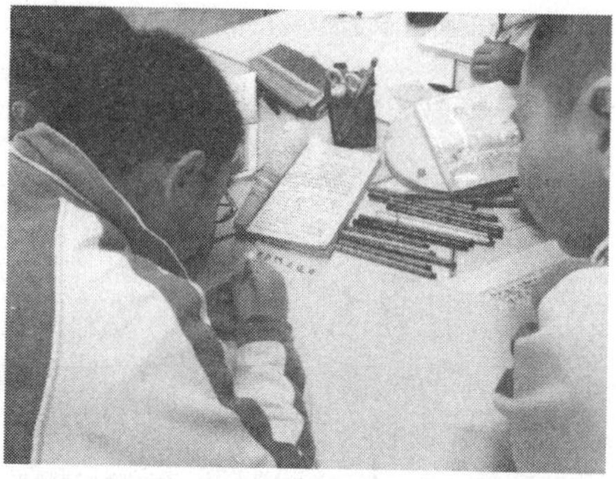

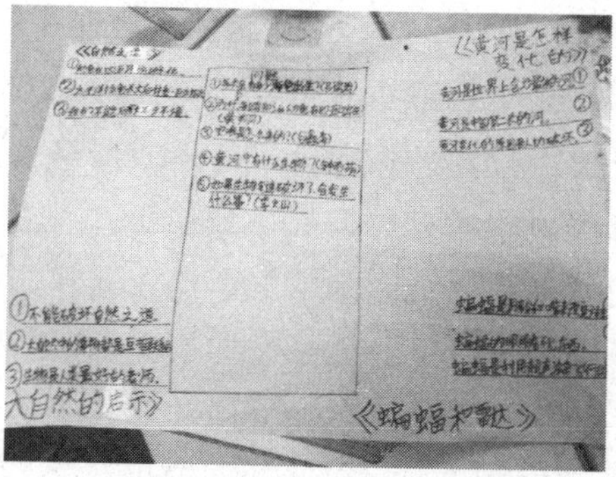

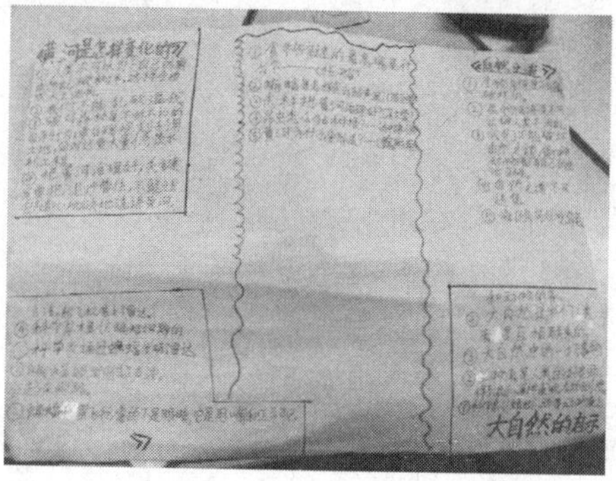

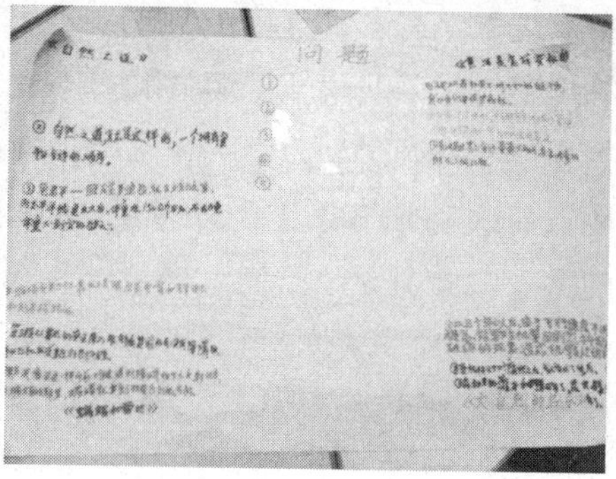

阅读教室　第 110 天

今天的课堂有些特别，因为我们邀请了区教研中心的陈主任及主管教研课题的余云德老师来听课指导。课堂仍旧没有发生太大的改变，学习进度该是什么样，还是什么样。在昨天运用 KWL 表格整理了相关内容的基础上，一上课我就将昨天的海报汇报纸再次用 PPT 展示出来，再次回味课文的内容整合程度，然后，在昨天作业的基础上开始今天的内容整合。首先，我用 PPT 出示要求：① 将自己通过阅读《什么是什么》书籍的所得，也就是“L”栏的内容用便利贴写出来，有一条就用一张便利贴；② 组长将小组同学所看的书籍名字按照顺序写到海报纸上；③ 小组同学将自己所写的便利贴贴到自己所阅读的书籍名字下面；④ 组长带领小组同学分享各自的阅读所得；⑤ 每位同学试着再次提问，最好是针对别的同学分享的提问，组长再将大家的问题整理到海报纸上；⑥ 组长安排好面向全班分享的同学。分享时要注意：先要告诉全班同学自己组的同学都读了什么书？他们的所得是什么？同学们的问题又是什么？

说完这些要求后，我开始让学生做小组汇报海报纸。他们都非常认真，因为要将自己的所得分享给同学们，但是孩子们写字的速度与内容各有不同，导致不少孩子还在写时，不少孩子已经写完的情况，于是只能调整每个人汇报的顺序与时间，这个环节让我感觉没有充分发挥出其作用。因为它本身就是“文学圈”的一个重要部分，却总因为时间紧张而使分享和交流不够彻底，或向同伴学习的空间不够大，这也是在大班额的情况下需要考虑的如何完成“文学圈”充分交流的问题。随后的交流再次回到正轨，孩子们边倾听同学的发言，边建构新的知识，并提出自己的问题，交流与分享无疑是精彩且让人欣慰的。但到了此时，我们必须将其与课本联系起来学习，于是我问孩子们：“为什么我们喜欢读这些书？而对课文却没有这么喜欢？”孩子们告诉我：“那是因为对书中文字不理解的时候没有图片说明，而这套书却可以。”由此我引出了“连续性文本”与“非连续性文本”的概念，并引导孩子们思考课文中哪些地方可以插入图画进行说明？孩子们纷纷翻开书寻找，也谈了自己的看法。至此，我的教学目标已经达成。

综观这节课，我想让学生充分体会“文学圈”的味道，想将 KWL 表格的运用切入到“文学圈”中去，同时，我还想让他们能对文本的感知有更多的了解。从目前的教学来看，效果基本上达到了，但我始终觉得还有不尽如人意的地方，可能是我教学设计的问题，也可能是孩子们的适应问题。

专题三：发现人性之妙

阅读教室　第 112 天

结束完一系列外出的事情，终于回到了自己的教室，不夸张地说，风风雨雨，繁华落尽，终觉教室才是最惬意与最放松的地方。上午只有一节语文课，处理完相关事情后，按照计划又回到对教材的学习。马上要进行的专题可谓将四个单元整合在一起的“小说统整”大专题，因而课堂的切入就从上学期的“童话”专题入手。课上让学生回忆上学期学过的童话三要素：人物、场景、情节，其实，这三个要素也是小说必备的，我跟孩子们一起回忆，一起分析，并让他们谈谈自己刚读完的小说与教材的差别，孩子们说，二者相比只是数量上有区别，也就是教材上的内容相对简单点。于是，我安排孩子们用刚才提到的三个要素来分析教材的四篇课文：《中彩那天》《万年牢》《尊严》和《将心比心》，让他们按照这三个要素完成对这四篇文章的初步感知。由于时间的缘故，孩子们还不能很充分地感知或准确地把握教材，也确实有几个孩子无从下手，其实这恰好就是契机。

下午继续对小说的要素进行统整教学，在上午已经初步感知的基础上，我问学生，三个要素中最让他们觉得困难的是哪个？有的说事件，因为一篇文章太长，需要进行概括才能知道具体是什么事件，但概括可不是简单的事；有的说是场景，因为一篇课文中可能出现不同的场景，不知道该选择什么？有的认为是人物，因为文章中有的人物一直存在却没有出现，不知道该不该写出来，如《中彩那天》中的“库伯”这个人物。我没想到孩子们的感觉如此敏锐，有这么独特的想法。但当我调查这四篇文章的完成情况时，却发现部分孩子没有完成，这种情况怎么办？只能顺势而为，让已经完成任务的孩子继续寻找第 13 课《夜莺之歌》和第 14 课《小英雄雨来》两课的人物、场景、事件等要素。下午的课驾轻就熟，很快就上手了，但这个过程是需要充分的时间去磨合的，下课时仍然有不少孩子没有完成任务，这是可以理解的，毕竟对课文内容的提炼与概括是本学期学习的重难点。

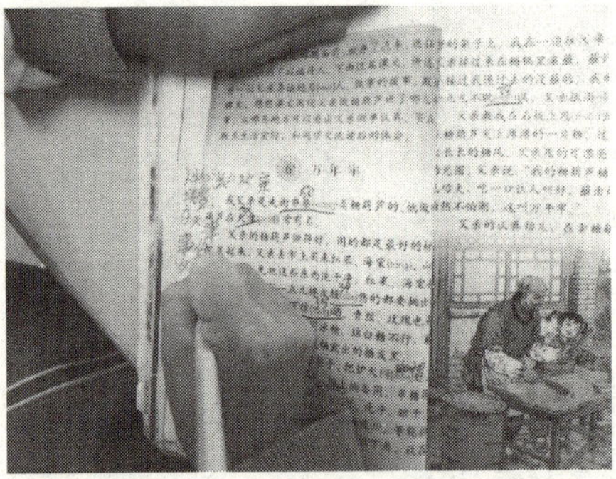

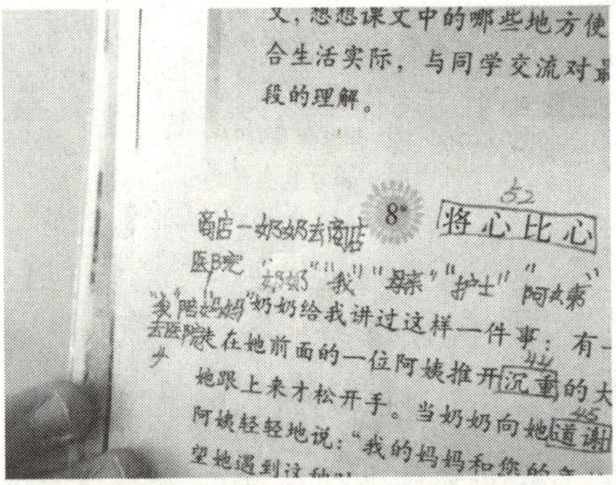

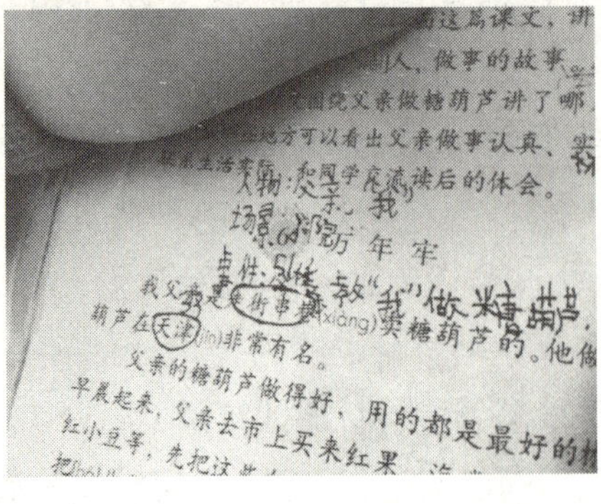

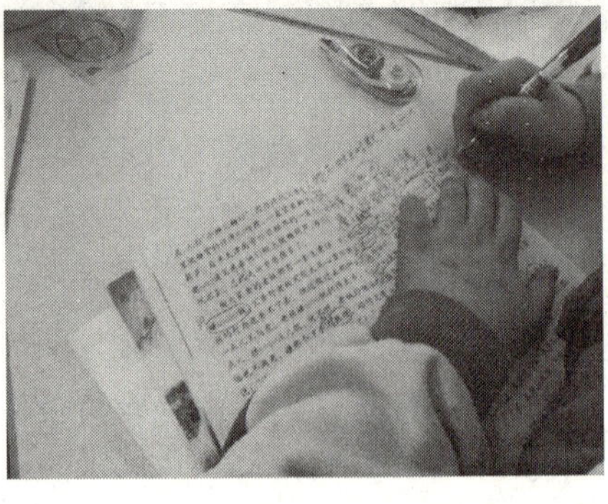

阅读教室　第 113 天

今天的课是在昨天的基础上进行回顾与交流。我让孩子们按照课文顺序逐一进行交流，每当一个孩子念完自己感知的结果后，其他的孩子就要进行补充，没想到虽然只有 25 分钟的时间，孩子们却很快就完成了对这部分内容的梳理。尤其值得一提的是，这些汇报交流的孩子并非都是平时我认为的阅读程度特别高的孩子。

孩子们很快发现，关于人物与场景这两个要求，都能很快地补充完整，唯独到了事件时很难判断出同学所说的是否准确到位，也无法判断与其他同学之间的差别。因而，我让孩子们思考：自己是怎么总结事件这个要素的？但孩子们似乎只能笼统地认为它需要概括，至于如何概括，如何抓住关键的信息，如何准确而简练地概括，他们仍然稀里糊涂。其实这就是新课标根据这个年龄段设定的四年级下学期的重要知识点：学习怎样抓住文章的主要内容。个人觉得，经过几节课的感知，这样的跟进训练该是时候展开了。

阅读教室　第 116 天

今天的课堂是继续对课文中的人物、场景、事件三要素的感知，从前几天学生对于事件存在的困惑出发：孩子们对于事件的提炼与概括仍然存在较大的盲点，因而，学习策略很关键。这节课我让学生先审视人物与场景。我举了一个例子，如果人物是“我”和“妈妈”，场景是“商场”，各人物之间会发生什么事情呢？孩子们说：“可能是我和妈妈一起逛商场。”我问：“这样的事情你平时会写吗？”孩子们说不会。我说：“那可能会是什么事情呢？”孩子们这时才打开思路，会不会是逛商场时买东西忘记带钱？还是兴趣盎然地去商场，可是商场没有开门？会不会还是……？孩子们说出了种种可能。但突然有个孩子说：“可能是跟商场服务员起了某种冲突。”我还没有发表意见，就有孩子说：“这样不可以，这里多了一个人物，不是两个人了。”我赶紧利用这个契机，引出主要人物与次要人物的关系。这时，我让孩子们再阅读《夜莺之歌》这篇课文，先找出人物与场景，让孩子们分析哪些应该是主要人物。孩子们告诉我应该是小夜莺、德国士兵以及游击队员。我让他们试着将三者之间的关系理清楚，也就是每个人物之间可以用哪些要素连起来，并试着用一段话来叙述他们之间的关系。我让孩子们先在书上自己写，然后再告诉我。随后，孩子们告诉我应该是这样的：“二战”时期，小夜莺帮助游击队员将德国士兵带入森林里的埋伏圈，最后，游击队员将敌人消灭了。我没想到孩子们可以这么快就通过理清人物关系将文章的内容概括了出来。

第二节课，我让孩子们再试着这样去分析《小英雄雨来》，这堂课与上一课不太一样的是人物众多，大概有十几个人物，我让孩子们逐步将人物进行归类，最终得出几个主要人物：雨来、村民、李大叔、日本鬼子。我又让学生用一段话将以上几个人物连起来，没想到他们很快就做好了。从人物关系、场景描写出发，延伸出对于事件的提炼与概括，效果这么好是我没有想到的。对于主要内容的概括与提炼一直以来都是教学的难点，我们习惯从关键句、段意整合的角度入手，却很少从人物关系入手，今天初次进行这样的尝试，确实有了一定的效果。随后，我让孩子们将今天的学习过程做一个梳理，孩子们都有了准确的把握。

用这样的方法对课文的主要内容进行概括与提炼，在之前的课标体系中一直饱受诟病，甚至遭到大肆批判，但 2011 年版新课标又重新将之提出。其实，在这方面，国际上的论述非常多，而且都将其定位为阅读能力中的基本能力。而我们的教学都在有意无意回避这个问题，导致很多孩子读完一篇文章后对文章主旨仍然难以把握。孩子们的日常行为习惯也越来越考验我的忍耐性，中午的教室又让我头疼不已，也让我不知道该讲什么好！

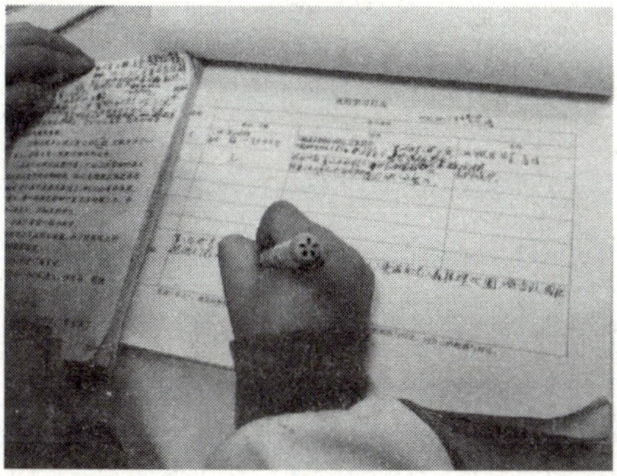

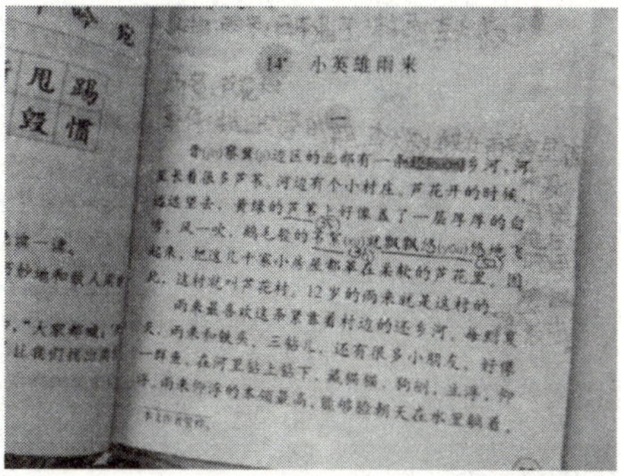

阅读教室　第 118 天

今天的课堂是复习之前这个专题的“人物、场景以及事件”，由于赶上了周末与春游，不少孩子已经忘了三者之间的联系，我不得不帮他们温习这些内容。学习方法就是这样，不是学会了就一定能掌握，它需要不断的运用，才可以牢记。课堂内容从练习提问的基础开始，我告诉孩子们，什么是问题，即应该是自己不懂的事情。我拿《一个中国孩子的呼声》来举例，让孩子们试着去提出一个或者两个问题，只要是不懂的问题都可以提出来，而且最好是自己把问题写出来。在巡视的过程中我就发现，不少的孩子将问题聚焦在内容方面，特别是聚焦在带引号的“蓝盔”上面，这是我意料之中也是意料之外的。意料之中是我希望从这个词引导到“和平之花”上面去，意料之外是没想到孩子们这么快就给了我一个“台阶”。

由此，让我想起最近对于导学案的争论，一方面，大家都觉得一定要先有教师的导学案，另一方面，又认为这样教学会限制孩子。从目前的情况来看，我还是觉得，教学时，先有对孩子已有经验的考量，对孩子问题的掌握，再与教师的导学案相结合才是最佳的途径。不然，表面上看，教师的导学案出示后，似乎引导了孩子的学习，但这不是真正的以学定教，它仍然是教师意志形式的转移。我相信学生能够逐步将自身的学习定位与教师的教学定位结合起来，或许这个过程比较费时间，但是从孩子的实际需求出发与考量才是学的方式的真正转变，可见，杜郎口中学毅然放弃导学案是很有道理的。所以，如果真的要考量我们的教学方式，是否一定要先设定导学案呢？或许初期一定要，但后期最好是放弃。

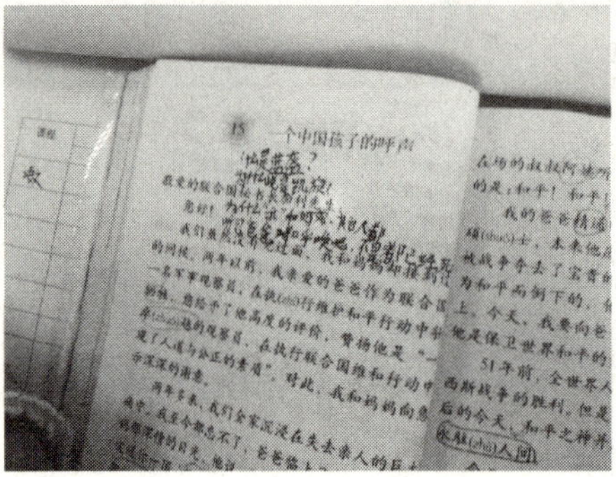

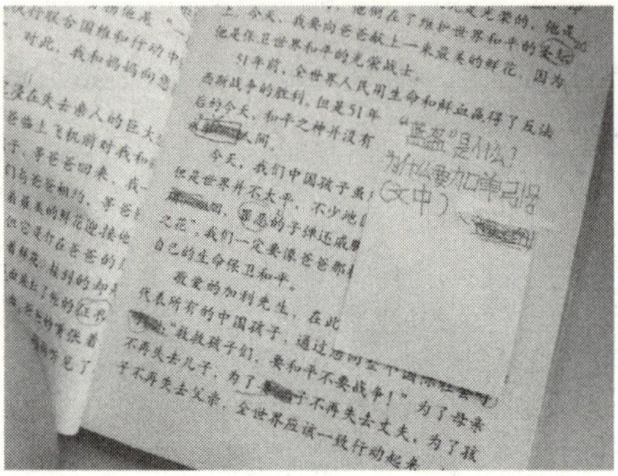

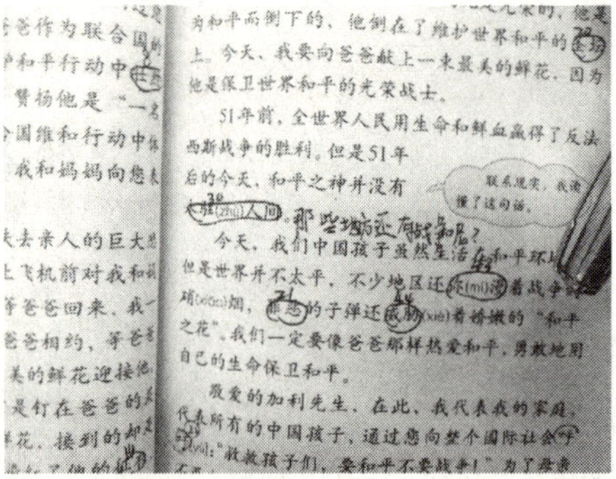

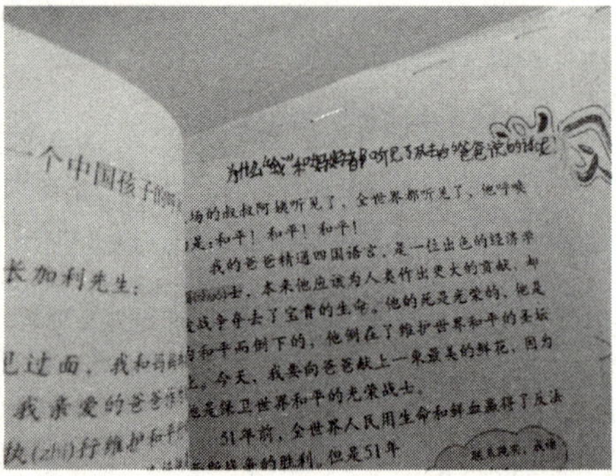

阅读教室　第 123 天

我一直认为，阅读教学之所以低效，写作教学之所以裹足不前，大部分原因在于教师对于语言文字的赏析过多了一些，而且习惯将成人的观点强加给孩子，同时希望孩子能够如作家一般尽可能地“咬文嚼字”。这种教学方式不是不可取，有时这也是语文教学的一个很重要的组成部分，是文化传承的一个重要途径。但是，如果我们将其作为全部，或者认为阅读就是阅读，写作就是写作，或者如课时计划那样，将两种课型分门别类地讲授，然后让教师遵循这样的安排，就容易造成目前的教学现状。统整教学就是要打破这种人为的障碍，将阅读与写作融合起来。

今天是两节连堂课，一开始，我就将孩子们的习作草稿本返还给他们，上面有他们第四单元的习作，其特别之处是这些习作都是由孩子们自行书写的，也就是在没有任何指导下书写的。因为已经过去一段时间了，我就让他们自己读读自己的习作，先熟悉一下，然后让他们看看老师用 PPT 做出来的图片，按照人物、场景以及事件的顺序来观看图画。孩子们说这是

"战争中被轰炸后的场面"，我反问孩子："你们说是轰炸后，是因为看了提示，如果单纯看图面，为什么就不能是地震后呢？"他们又从画面中找了很多依据，比如，铁轨还比较直，没有地震后的铁轨扭曲，而且很多建筑物看上去还是完整的，等等。孩子们的发现正好让我可以切入到教学的关键点：要学会综合画面上的各种信息为自己的判断找到依据。我继续问孩子们，"这是一个什么样的场景？"孩子们说是"废墟"，我说，"这大约是什么情况下出现的状况？"孩子们说是"轰炸后"。这时，一个孩子说："我看见了废墟，但我想轰炸前这里应该比较繁华。"于是，我根据孩子们的想法，依次板书"废墟"与"繁华的火车站"，还特意让字体有所变化。我问孩子们，"这样放到一起怎么样？"他们认为，如果两者放到一起，会更加突显战争的惨烈，然后，孩子们说有了"轰炸后和轰炸前"，还应该有"轰炸时"。这时，我又让孩子们继续观察画面，让他们思考这到底是什么场景？这样的场景我们亲眼所见，是可以通过观察写出来的。那么轰炸前和轰炸时呢？我让孩子们再次翻开自己的习作审视一下，在自己的文章中有没有这些内容？如果有，就圈画出来。孩子们都照做了，而且还要审视相关内容是怎么写的？这个环节的目的是让孩子们清楚自己写作的内容，清楚自己在写什么？结果，确实有不少孩子没写到这两个环节。我问他们，"如果要写，怎么办呢？我们还是来看看书上有没有相关的词语或者句子吧。"这样，孩子们对于教材的目的性就明确了。他们也很快找到这样一句话："大道两旁全是黑色的碎瓦。空旷的花园里，烧焦的树垂头丧气地弯着腰。"我问孩子们这句话可以怎么用，是否能用到自己的文章中去。目的是让学生寻找自己用得上的词语或句子，活化积累的内容。但仍然存在教材上的语句不够用的情况，我问孩子们该如何处理，他们的答案不出我所料，这也是这半年多来孩子们约定俗成的，他们很快就清楚了，联想与查询资料是必不可少的。之后，也明确了自己要做的事情，剩下的时间我就索性让他们第二次在有指导的情况下开始习作。或许未必篇篇都是佳文，但目标清楚了就一定会有进步的。

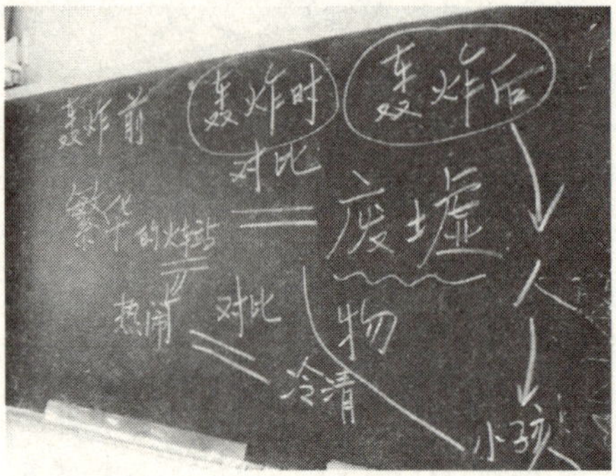

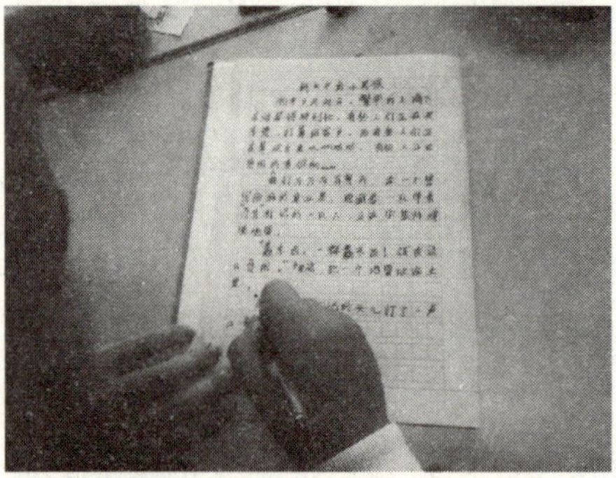

阅读教室 第124天

今天只有一节课，而且还是下午的第二节课。这节课我安排的内容是让孩子们初步感知“写作评价工作纸”，这张工作纸分为三部分：自我评价、同学评语以及老师评估。由于之前孩子们的习作都是由我独立批改的，即便听了讲评孩子们也未必知道其他同学的习作如何。所以，我开始在作文评改中使用这种方式：让孩子们也参与作文的评价。我很早就有了这样的想法，只是一直没有实施，是因为我以前也用过同样的方式方法，但效果都不是特别好。根本原因在于孩子们不知道从哪些角度去自我评价与评价其他同学，所以我花了比较长的时间来琢磨评价的细则，同时也借鉴了港台地区在这方面的一些做法，并融入其中。今天的这种初步感知，整体上感觉孩子们还是能够运用的，而且操作比较方便，但是因为要求必须统一，所以必然会带来标准的固化，缺乏灵活性。初步感觉还不错，但还需要逐步完善。

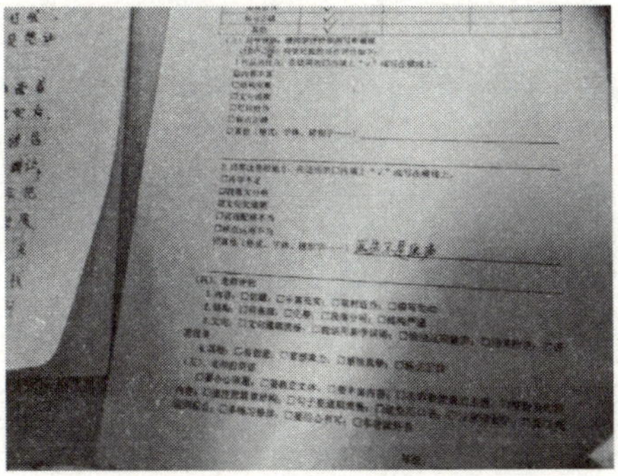 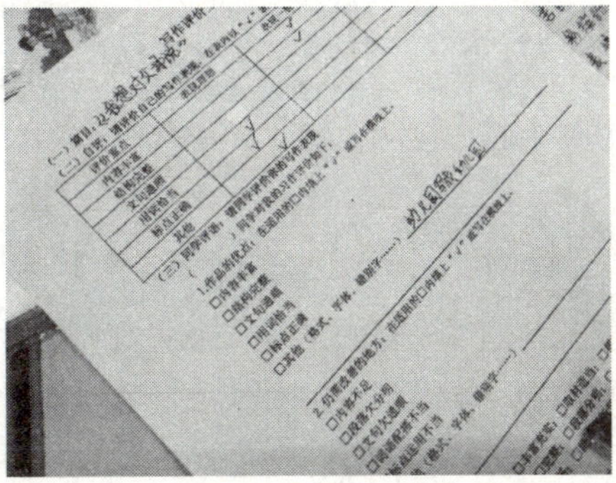

阅读教室　第 125 天

因为昨天因缘巧合的在香港听了“学得其法，学有所得”这个关于学习型格的讲座，结合自己的教学，我进行了深刻的反思。所以，今天一上课，我就问孩子们：“我们为什么要来学校？我们为什么要学习？上这节课或者不上这节课，有没有什么差别?”这样问的目的就是想要孩子清楚自己的学习目的是什么。我告诉他们：“每天晚上回到家里如果我们都想不起来自己一天下来有什么收获，那么这一天的学习意义也就不大，那样的话，还不如去做一些自己喜欢做的事情。我们在教室的每一分钟，就要想办法做一些让我们有所收获的事情。”我知道，虽然让孩子们反思这些内容他们未必能记住，也未必会照这样的方式去做。但如果时常跟孩子们这样说或一起做，多少会增加他们的一些自主学习意识。效果很快就显现出来了，我告诉孩子们这节课的学习内容后，让他们相互交流习作，看看同学们的习作中有没有什么语句值得学习。我还提醒孩子们，最好能够将同学的习作中比较好的语句借鉴到自己的习作中去，课堂的最后，我让其中一个小组的孩子来试着说说自己的所得。整个过程都能够让我感觉到，似乎孩子们已经明确了自己的目的，其实今天的课堂，就是为了完成我所提倡的“习作三部曲”中的第三步——学会吸纳修改。

阅读教室　第 127 天

因为接下来又要外出，所以今天的课相对集中，我也想借这个密集的时间首先进行期中测试，也许是因为劳动节放假回来的第一天，孩子们有点不在状态，不过，我也正想通过这样的方式让孩子们适应突然袭击式的考试。虽然我不是太在乎学生的分数，但是我也很想知道学生在这个过程中的表现。随后的课堂上我继续延续对小说专题的学习，我让孩子们回忆在第二和第四单元学过的内容，没想到平时不认真的刘晟乐同学竟然复述得清清楚楚。他告诉同学们：要分析人物之间的关系，要结合场景，概括出事件来。我一般不会在微博里指出某个学生的名字，但他的表现实在让我惊喜，顺着他的说法，我让孩子们尝试去用这种方法学习《触摸春天》和《永生的眼睛》。从孩子们后来的汇报情况看来，整体的学习情况很好，但也有部分孩子处于游离状态，因此，我觉得该是时候介入“小组集体汇报”这个方式的时候了，因为它不失为解决孩子学习游离状态的恰当方式！

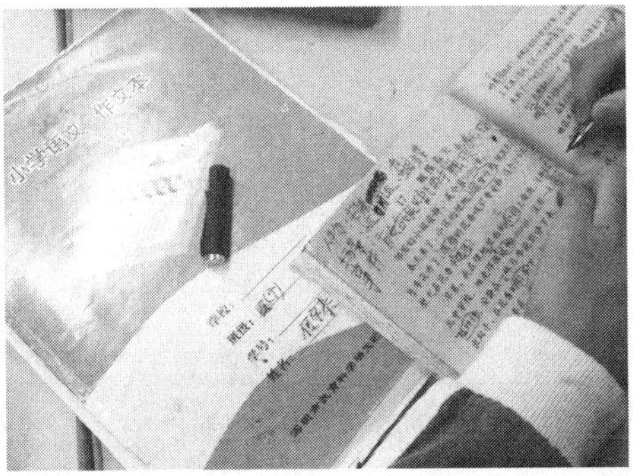

阅读教室　第128天

今天的课堂继续学习第五单元，在昨天对前两篇课文学习的基础上，让孩子们对《生命　生命》以及《花的勇气》两篇文章的内容进行感知。但对这两篇文章的感知与《触摸春天》《永生的眼睛》两篇文章有很大的不同，它们无法较好地通过人物、场景以及事件来进行分析。所以，我让学生按照自己的方式去感知《生命　生命》的主要内容。没想到孩子们很快就理出了自己的线索，他们从这篇课文的三件事入手，再借人物之间的关系，得出了以下主要内容：我通过飞蛾求生、瓜苗顽强生长和心跳的律动体会到生命的意义。我觉得有些讶异，孩子们怎么可以如此迅速地总结出来呢？下课回到办公室后，仔细看看我拍下的孩子们进行总结的过程，才发现，虽然我觉得人物、场景以及情节这样的方式不太适合，却仍然有不少孩子试着从这个角度去考虑，虽然未必准确，却让孩子们比较轻松地感知到了课文内容。

专题四：发现故事之善

阅读教室　第 132 天

经过两天的调整，今天逐步回到原有的统整教学。因为是两节连堂课，一节课继续进行对第七单元的统整，这次统整是从单元的习作要求出发——我敬佩的人。首先我让孩子们阅读习作的要求，他们读出了习作的关键点——人物的执着精神，这恰恰是这个单元四篇课文所体现出的人物特点，于是我让孩子们先回到课文中，依次说说四篇文章中每个人物的特点。因为之前有代课老师已经按照常规的方式教过这四篇文章，孩子们能够比较顺畅地说出人物的特点：不畏权威，敢于向权威挑战的伽利略；全神贯注、浑然忘我的罗丹；勤奋专注、画技高超的聋哑青年；勤劳执着、坚持不懈的父亲，对于课文内容的回顾是很容易操作的。但我介入的角度却是：文章是如何体现出这样的特点的？教学又一次回到了“习作要求”上——围绕具体事例。从而再次让学生思考：如果是让我自己来写，该如何去构思呢？因此，我布置了今天的作业：从自己读过的小说（之前出差前安排学生读的小说）中选择一个人物，以《我敬佩的人》为题，写写他或者她的事例。同时，为了孩子们更好地把握这篇自我习作，第二节课时，我让孩子们再次重温人物、场景、事件这三个小说元素，所选素材是第八单元的四篇课文：《寓言两则》《文成公主进藏》《普罗米修斯》《渔夫的故事》。这样的安排是我教学写人题材作文的第一步：对孩子已知经验的了解。因为只需感知文章内容，而对写法的感知尚未接触，只有学生能够按照已有经验写出原生态的习作时，才可以有与第七单元、第八单元课文的对比，才能有第二次的“语用借鉴”习作步骤。这样的学习或许更加具有实效性。

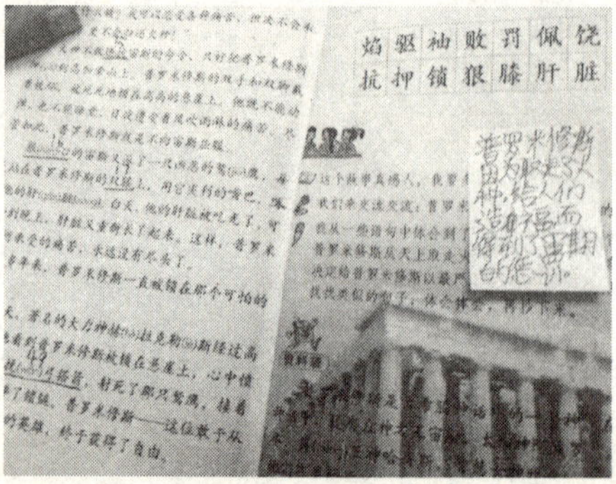

阅读教室　第 133 天

今天的语文课堂，从前一天晚上的习作出发，让孩子们先在小组内进行交流分享，对于这种方式孩子们已经驾轻就熟，但我还是要提醒他们：小组分享时，要求只能听到一个人的声音，分享的孩子必须大声读出自己的习作，同时，其他同学在倾听时一定要注意思考：这位同学的分享有没有值得自己借鉴的地方。

今天孩子们的表现让我很欣慰，几个小组在分享完毕后，有的继续去查询自己所看的书籍，有的开始在“学习日志”上做记录，有的在自己的作文本上进行修改。在交流分享的过程中，我发现有几个孩子的习作有一些特别，只是对内容的概括，缺乏对细节的描写，这恰好是孩子们交流分享后，老师要帮助孩子们提升的地方。昨天的习作安排其实是我故意为之，我只讲了要求，没有进行写法的指导，我希望看到孩子们习作的原生态，今天就有部分孩子显现了出来。我让这几位同学一起与全班同学分享，让其他同学来判断，判断的依据是：听完后对于文章中的人物，我们是不是很佩服？反馈完毕后，我又让孩子们回到第七单元和第八单元的八篇课文中，并且想一想，为什么文章中的人物让我们敬佩呢？我们的习作与教材中的文章有什么不同呢？我们的文章缺少什么呢？孩子们利用 10 分钟的时间再次阅读了八篇课文，这时我才逐步引导他们找到如何写好一个人的基准点：我们要关注人物的身份、外貌，在叙述事件的时候要让人物说话（语言描写），要让人物动起来（动作描写）。因为所选人物是从所读的小说中节选出来的，我们是否可以借鉴小说里的一些语言呢？这恰恰是第二次习作的重点，也是孩子们需要提升的地方。

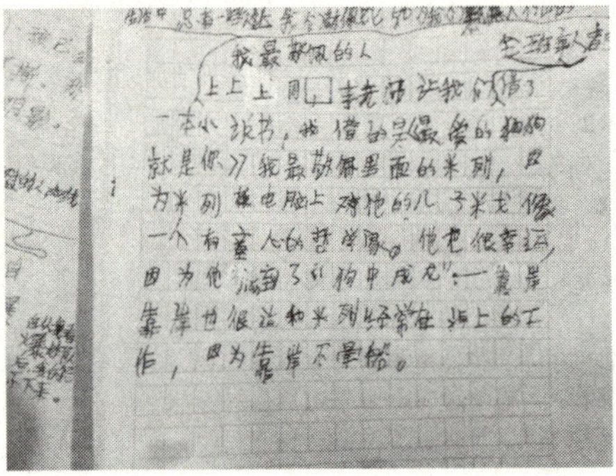

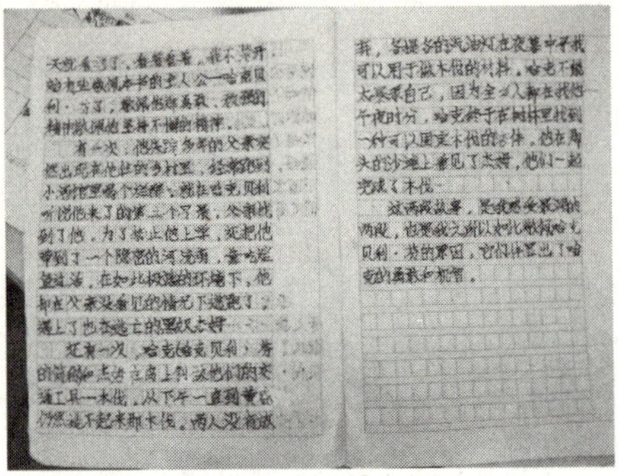

阅读教室 第136天

我们开始进入第八单元的专题学习。在上周的学习中，已经让孩子们按照人物、场景、事件的顺序对文章进行了自我感知，这节课，我们再次就这三个要素进行统整。从《纪昌学射》开始，我让孩子们将人物与场景先找出来，然后让孩子们说说人物之间的关系，再说说有什么场景。继而让孩子们说说之前自己写的文章，看看是否讲清楚了人物之间的关系。对比后孩子们就发现，自己总结的场景有些缺陷。不过，他们很快就总结出了另外的场景：纪昌拜飞卫为师，向他学习射箭，纪昌按照师傅的要求苦练基本功，最终成为射箭能手。这样的场景总结，很快就水到渠成，让我有了成就感。孩子们终于初步掌握了这种方法。

阅读教室 第138天

今天的语文课继续第八单元人物、场景以及事件的统整，这部分内容在第八单元可以进行一次总结，这个学期一直围绕着这样一个主题进行。一方面，因为这是对四年级学生语文能力的一个基本要求，另一方面，这也是五年级学生语文能力提升的基础。这节课的学习形式与《纪昌学射》一课的方式有所不同，主要是分组分文章进行小组讨论，然后以小组汇报的形式进行。大致分组如下：一、二组讨论《扁鹊治病》；三、四组讨论《文成公主进藏》；五、六、七组讨论《普罗米修斯》；八、九、十组讨论《渔夫的故事》，这样分组没有特殊的考虑，只是随机生成。汇报时，分别由一、三、五、八组作为主汇报，其他小组做补充。汇报安排也是按照顺序随机生成。在孩子们讨论时，我还是有些担心，怕孩子们无法把握分寸与尺度，或者是太概括，或者是太啰嗦，所以我不停地提醒他们：注意看看自己概括的内容里有没有讲明白主要人物之间的关系，有没有叙述清楚场景等。

孩子们开始汇报后，我的担心随即就解除了，几乎每个汇报小组都可以准确地把握人物关系，并能联系场景来把握课文情节，这时我才稍微松了一口气。从这个学期整个大的专题情况来看，一步步的铺成递进，终于在第八单元的统整时，初步看到了效果。我想，这种方式会对孩子有所帮助，更重要的是，孩子们适应了这种惯用的学习方式：看似每一组只讨论了一篇文章，其实，通过其他组的汇报，自己也同时了解了其他三篇文章。这是一个简单的“文学圈”的方式，也是一种对学习含义的体现，更是另一种对教与学方式转变的简单呈现。讨论分享的目的还是为了新的建构。

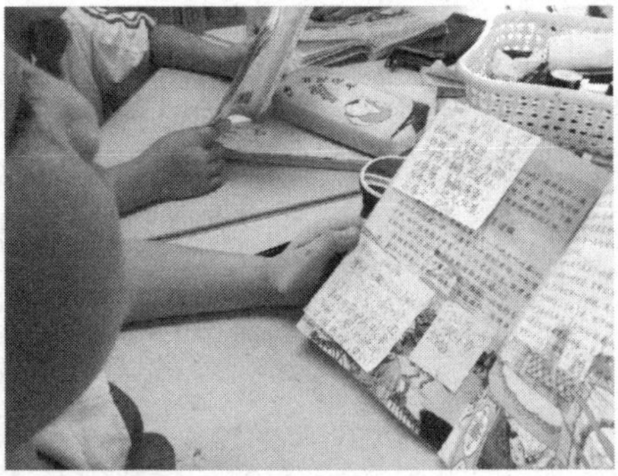

阅读教室　第 140 天

今天的语文课继续上周对于人物、场景及事件的延伸。首先，我让孩子们思考：我们知道了这几篇课文的主要事件，但是它们的情节之间有什么共同点吗？孩子们开始表述自己的想法，有的孩子说这几篇都是故事；有的孩子说感觉这些东西都是虚假的，这时有孩子说不能说是虚假，应该是虚构。这时，我将“虚构”与“虚假”两个词都板书到黑板上，让孩子们思考，为什么是虚构而不是虚假？孩子们很快就从人物、场景中找到了答案，因为纪昌、飞卫、扁鹊、蔡桓公、文成公主以及松赞干布都是历史上真实存在的人物，只不过在文章的某些场景中有想象的成分。我又继续追问，这四篇中哪篇文章的想象成分更多一些，孩子们顺理成章地认为是《普罗米修斯》和《渔夫的故事》，因为里面的人物是不是真实存在，不是特别明晰。这时，我引入寓言、民间故事、神话故事三者的定义以及三者的区别，此时，我的目的似乎达到了，但我还是不甘心，又试着抛出这样的问题：那么为什么我们还要撰写这些寓言、民间故事以及神话故事呢？本以为可以难倒孩子们，可没想到孩子们根据自己的已有经验告诉我：第一，可能是古人为了给孩子讲故事（听起来好像荒谬，其实也许就是故事的起源也说不定）；第二，是为了说明某种做人或者做事的道理，要抒发自己的感情；第三，也许是古人对很多现象无法解释，所以就用想象来解释。我很惊讶，特别是对于后两点，这是公认的对于寓言、民间故事以及神话故事等的起源的认知，原本打算由我自己来告诉学生，没想到他们根据自己所看的书籍自觉得出了这样的结论，这是我没想到的。看来孩子们还是需要多给以空间，多给他们机会，他们的表现一定会让我们惊讶的。不过我也正好可以利用这样的机会，让他们再次将课堂所得整理到自己的学习日志上。我希望通过这样的梳理，能够让孩子们牢牢记住自己的分析。

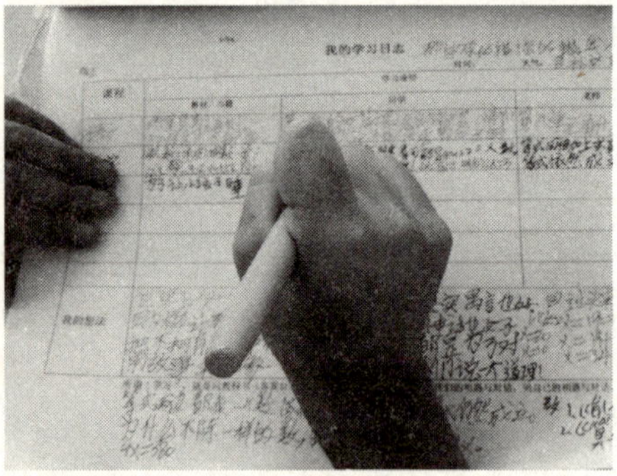

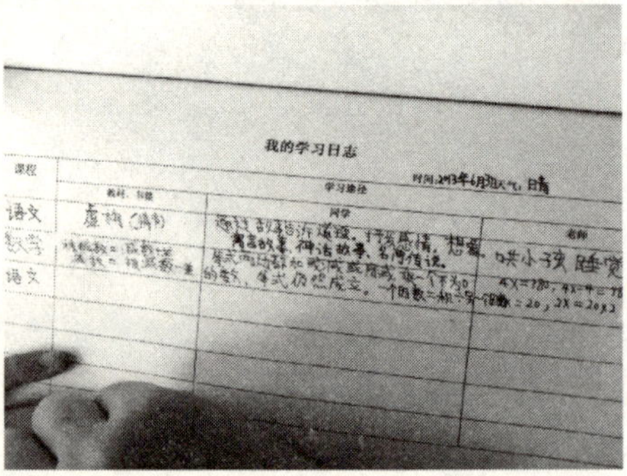

阅读教室　第 142 天

今天上午是连堂课，第一节课进行作文的自评与同学的互评。这是第二次运用这种方式学习，所以我让孩子们跟我一起一步一步做。自评时，我让孩子们先把自己的文章名书写上去，再次重新读读自己的文章，看看有没有需要修改的地方，最后按照“评价工作纸”上的要求一条条评价。孩子们做完自评后，与同伴交换，进行第二个环节——同伴互评。这是我很重视的一个环节，我一步步引导他们来做，先是仔细阅读几遍，再把同伴的错字错句圈画出来，然后再按照步骤一步步给同伴讲评。整体上孩子们都非常认真，可以看出来，这样的环节让他们找到了一种自主的感觉，感觉自己是一个评审官，同时，这种方式也让孩子们知道了应该从什么角度去评析同学的习作。

第二节课进行对第七和第八单元的统整，第一个统整的角度是两个单元的特殊读音，本来我只给了孩子们 15 分钟的时间，但是没想到孩子们都说时间不够用，于是又增加了一点时间，孩子们的认真态度让我始料未及，最后 10 分钟，学习统整的第二个角度，对照复习资料上关于这两个单元的内容，寻找值得自己注意的地方或者自己不了解的地方。这样的一节课，可以说它是统整，也可以说它是复习，但是这样的课，孩子们的主动性完全不一样，可能因为昨天对试卷进行反思的效果吧。孩子们逐步地学会了复习。

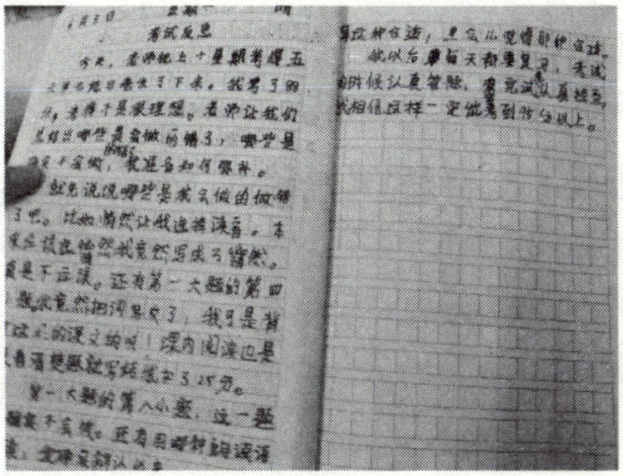

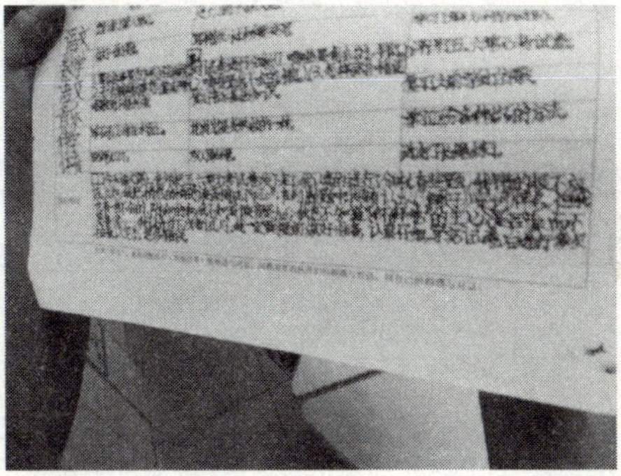

两个特别的专题
——“端午节”及“如何复习”

出于临时教学的需要，四年级下学期临时增加了两个特别的专题，一个是关于端午节的，一个是关于如何复习的。

专题一：端午节

阅读教室　第144天

为了配合第八单元有关对传统文化感知的专题，下午安排孩子们与家长一起亲手包粽子。虽然活动还没有开始，但前期的准备已经做了很多，家委会的家长也在积极筹备中。课堂上我们已经提前让孩子们用手抄报的形式反映了自己对于端午节来历的感知与包粽子的步骤的感知，也感受到了家长的热情和孩子的期盼。终于，孩子们期盼的包粽子活动开始了：当孩子们来到食堂的时候，家长们已经提前准备好了场地、粽叶、糯米以及腌制好的肉。孩子们依序按小组在家长们的带领与指导下开始包粽子，这时我才发现，不少爷爷奶奶、外公外婆也来了，原来很多学生的父母也不会包粽子，所以只有请老人家出场了，看来包粽子这种传统离我们已经渐行渐远了。几十位家长加上54个孩子，按照常理，应该会非常嘈杂，但是现场虽然有声音，却丝毫不杂乱。每个孩子，包括调皮的男孩子，也都认真地在学、在请教、在尝试、在体验。本来预计一个小时包完的量，不知不觉中半个多小时就已经完成任务了，从没见孩子们如此认真。因为今天的糯米没有提前泡制，所以包好的粽子需要蒸煮很长时间。于是，我利用等待的时间让孩子们回味刚刚包粽子的过程。我启发孩子们先用“首先、接着、然后、最后”的句式来叙述，叙述时，我让孩子们闭目静思后再叙述。因为孩子们刚刚体验完这个过程，因此都能顺畅地表述，而后，我又在此基础上依次让孩子们加上“其中最难的是……”“我第一次包，我是向谁学习的？怎么学的？”“这次包粽子，我收获了什么？”这样不断叠加的语言训练，孩子们丝毫没有厌烦，时间也不知不觉过了一个多小时，孩子们不停地说、不停地回味着，其实孩子们说的那些内容就已经是最好的作文了。

不知不觉中，飘香的粽子出锅了，看着孩子们的吃相，一种欣慰不由涌上心头，真的要感谢家委会的辛勤付出！

阅读教室　第145天

今天早上一到学校，我就赶紧设计《今年的端午节》的写作工作纸，我想趁热打铁，在昨天的现场语言训练、前期手抄报的基础上继续深化这个专题，为阅读、写作、实践活动的融合构建一个桥梁，将这个专题更加深入化。在工作纸中，我设计了这样的几个环节。

1. 对于端午节的来历，我所了解到的是这样的……

2. 包粽子是端午节的一个习俗之一，我所了解的包粽子的步骤是这样的……

3. 6月7日下午，我们班级在学校与自己的爸爸妈妈一起包粽子，留下了难忘的美好记忆，现在让我来回忆一下吧……

4. 今年的6月12日是端午节，我和爸爸商议，我们家这样过端午节……

5. 今年的端午节有些特别，如果以《今年的端午节》为题，我会这样写……

当工作纸设计完毕打印出来后，我突然觉得内容会不会有点多了？但是从昨天现场语言训练的情况来看，孩子们的表现让我觉得他们完成工作纸不会有障碍，不过一切都要等到端午节假期结束才能知晓，从孩子们交上来的工作纸上才可以见到。上午上课前我还担心会不会内容太多，要求会不会过于繁杂，但是当我将工作纸发下去后，孩子们很快就利用自己手头的资料开始自我反思与自主填写。看来有亲身体验的事情孩子们写起来不会有太大的障碍，不过也不能太乐观，因为其中的很多内容都需要孩子们再次组织与思考，并且还要收集资料。

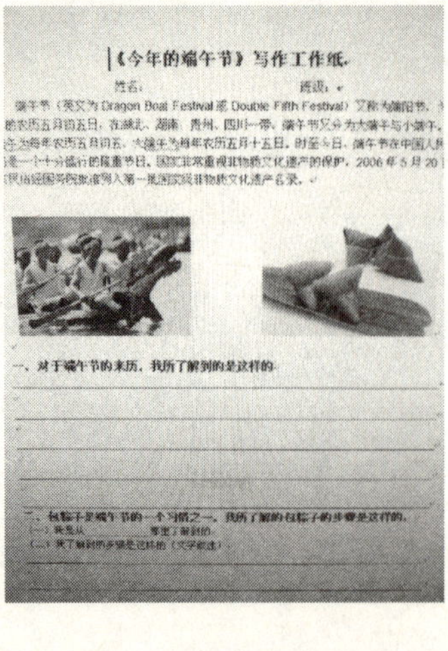
《今年的端午节》写作工作纸
姓名：
一、对于端午节的来历，我所了解到的是这样的

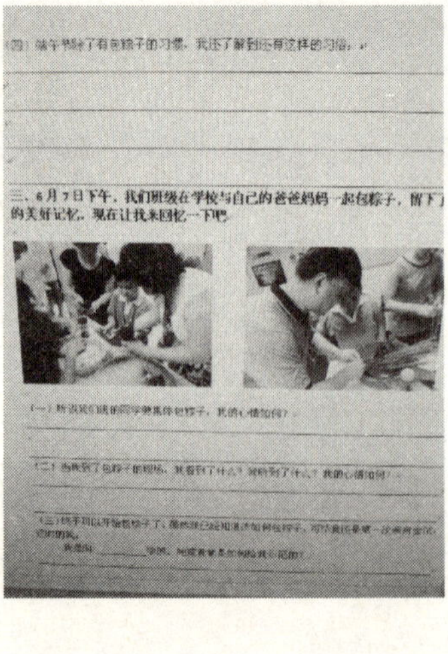
三、6月7日下午，我们班级在学校与自己的爸爸妈妈一起包粽子，留下
的美好记忆，现在让我来回忆一下吧

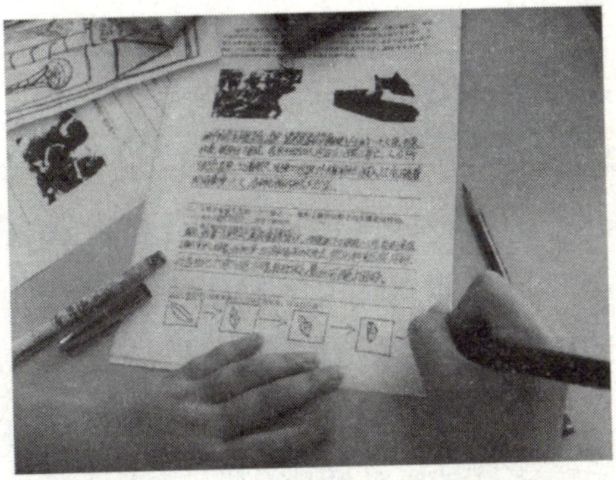

阅读教室　第 147 天

今天是两节连堂课，因为早读时我大概看了几份孩子们的工作纸，还是发现了一些问题：第一，因为工作纸的某些步骤是以问题的方式呈现的，所以有些孩子在完成工作纸的时候，就以回答问题的方式来进行，这样显得过于死板与简单；第二，对于工作纸上第五部分的文章还有部分孩子没有很好地利用前面四部分的内容来完成，甚至有的孩子完全是另起炉灶，这与设计工作纸的初衷是相悖的。于是，在课堂刚一开始，我就先让他们反思自己的写作过程，如果觉得自己已经完全尽力了，就给自己打 100 分，如果尚须继续改进，觉得还有努力的余地，就依次打 90 至 60 分不等，如果这几天自己光顾着过节和玩耍了，自己都觉得不满意，就给自己打 50 分。

我以为孩子们都会给自己打出比较高的分数，没想到他们都很认真。调查结果让我觉得，此时让学生上交工作纸有点为时过早，我决定利用一节课的时间再次带着孩子们回味整个活动过程，我特别提醒他们不要以回答问题的方式来完成工作纸。其中的每一部分都需要他们将自己的真实想法具体地写出来，同时对他们强调应如何书写第五部分。经过这次调整，我让孩子们再次审视自己的工作纸，看看还有没有什么地方可以补充，什么地方可以删掉，再想想如何将前四个部分的内容整合成第五部分，最后，将对工作纸的修正作为今天晚上的作业。

孩子们随后的表现让我十分惊喜，他们非常认真地修改着自己的工作纸。第二节课，我将这学期所有考过的试卷都发给了孩子们，开始让他们学着分析试卷的出题模式。我和孩子们依次分析每道题，不断启发他们思考，我们复习的时候应该如何去准备。明确了重点后，我开始让孩子们做好准备，因为即将切入的专题是“复习内容我来讲”环节。我对孩子们说了下具体安排：可以小组分工合作。有的同学可以讲如何注意有些字词的书写与读音，有的同学可以讲一些重点的句子赏析，有的同学可以讲需要积累的内容（日积月累与资料袋），还有的同学可以结合我们的课内阅读资料讲讲该如何练习。我还特意组织了 10 个小组，每个小组都有自己特别侧重的单元，这种方式其实是借鉴“杜郎口模式”，结合我区的教学方式转变后的方式，时间充裕时，这种方式特别适合用来做复习专题。孩子们自己总结，自己讲给同学们听，这是一种内化了的复习方式，比老师强调的重点更切合孩子们的实际需要。最主要的是，觉得复习枯燥的时候，“讲给同学听，讲给全班听”是一种主动的激发学习兴趣的方式。此外，每组讲的内容都不一样，孩子们有倾听的需要，也需要新的学习观来借鉴。这也是一次深化“学习日志”这种学习方式的机会。

附：

《今年的端午节》写作工作纸

姓名：　　　　班级：

端午节又名端阳节，为每年的农历五月初五日，在湖北、湖南、贵州、四川一带，端午节又分为大端午与小端午。小端午为每年农历五月初五，大端午为每年农历五月十五日。时至今日，端午节在我国仍是一个十分隆重的节日。国家非常重视对非物质文化遗产的保护，2006 年 5 月 20 日，该民俗经国务院批准被列入第一批国家级非物质文化遗产名录。

一、对于端午节的来历，我所了解到的是这样的：

二、包粽子是端午节的习俗之一，我所了解的包粽子的步骤是这样的：

（一）我是从哪里了解到的？

（二）我了解到的步骤是这样的（文字叙述）：

（三）我还可以用图来演示（可以打印粘贴，可以自己画）：

（四）端午节除了有包粽子的习惯，我了解到还有这样的习俗：

三、6 月 7 日下午，我们班在学校与自己的家长一起包粽子，留下了难忘的美好记忆，现在让我来回忆一下吧。

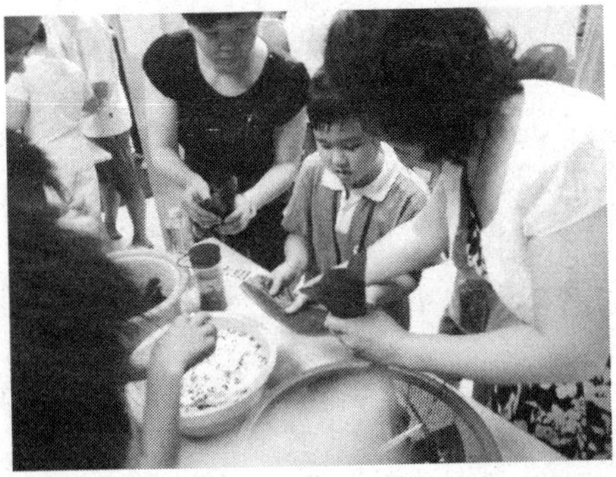

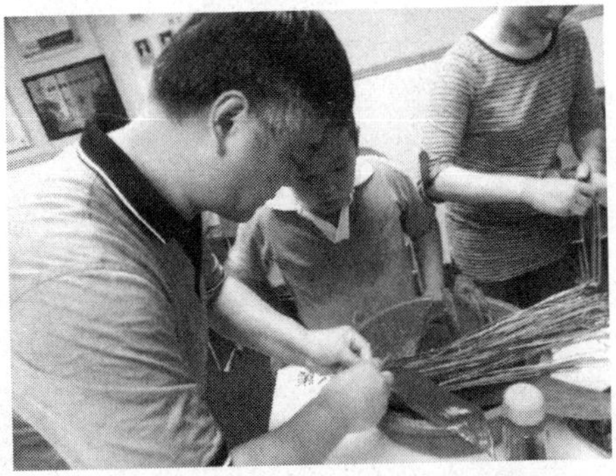

（一）听说我们班的同学要集体包粽子，我的心情如何？

（二）当我到了包粽子的场地，我看到了什么？我听到了什么？我的心情如何？

（三）终于可以开始包粽子了，虽然我已经知道该如何包粽子，可毕竟还是第一次亲自尝试，这时的我：

1. 我是向哪位同学学的，她（他）是如何给我示范的？

2. 我尝试着去包粽子，我是这样来包的（用文字叙述，用“先……接着……，然后……最后……”的句式来表达）：

3. 我包好的第一个粽子是什么样子的（先用文字描述，然后用图描绘）？

我的第一个粽子是这样的（附图）：

4. 我又继续包粽子，整个过程中，我觉得最难的是：

5. 我们是以小组为单位来包粽子的，我们组的同学是这样包的（用“有的……有的……有的……还有的……”的句式来叙述）：

5. 包完粽子，我的感受是：

四、今年的 6 月 12 日是端午节，我和爸爸商议，我们家这样过端午节：

（一）我跟爸爸妈妈商议，我们家要这样过端午节：

（二）最终，我们家的端午节是这样过的：

（三）我还了解到别的关于端午节的新闻：

1. 我是从哪里了解到的：

2. 我了解到的信息是：

五、今年的端午节有些特别，如果以《今年的端午节》为题，我是这样写的：

专题二：我的复习我做主

阅读教室 第149天

今天是“复习我来讲”这个专题的第一节课，主要由第一组的孩子来进行，讲的内容是“一、二单元如何复习”。这组学生的讲义资料是昨天在一家肯德基店集合后共同商量整理出来的。对于孩子们的小组汇报我至今都抱着怀疑的态度，我不确定他们能否把握好自己要讲的内容，这也是我上周一直担心的问题。之前我打算一节课两个单元的复习由两个小组交替讲，原本担心孩子们讲不出什么内容，没想到第一小组竟然讲了30多分钟，结果另一组只能明天再讲。看得出孩子们的准备是多么充分，他们把两个单元中的特殊读音都挑了出来，并打印成了整整两页纸，还给剩下九个小组的孩子每组打印了一张。这些细小的事情我曾经想过但是没有做过，第一组的孩子却做到了，而且还把需要特别注意的读音用红色笔特意标了出来，孩子们的表现让我眼前一亮。不过由于是第一次真正地面向全班做小组汇报，孩子们的声音还不够大，还不够自信，不够娴熟，还不会怎么把握节奏与时间以及重难点。但主要责任都在于我，孩子们不敢面对同学们的质疑，或者面对质疑时还会手足无措。以后应该给孩子们更多的机会去尝试这种小组汇报。

这种复习方式的一个局限就是每组都只负责两个单元，所以，有必要引导孩子们认真倾听其他小组的汇报，记录其他同学的学习成果，因而，我开始重点关注其他孩子的倾听与记录。可惜的是，大多数孩子都能认真地去倾听与记录，却有两三个孩子始终游离在外——只倾听不记录。我想，这需要慢慢纠正，也许他们还没有意识到自己才刚刚关注了两个单元，还有剩余六个单元的内容需要学习。其实从四年级上学期开始，我就开始向学生渗透向同学学习这个观念，只是仍然有极少数的孩子始终没有意识到这一点。所以，我在上周五与“我爱日日诵”全国群里的老师交流的时候就说过：没有哪种教学模式会百分百都适合每个孩子。但是现在的情况还不是那么简单，好在我们还可以想办法解决。下午跟小组长针对学生上午的表现交换意见时，孩子们的总结也让我感到惊讶，他们看问题比我还直接，首先要注意时间安排，其次还要注意的是，各小组长要先介绍每位组员即将介绍的内容等。看来，以这样的方式，明天由第二组来汇报时，孩子们的表现一定很值得期待，或许能给我更多的惊喜。

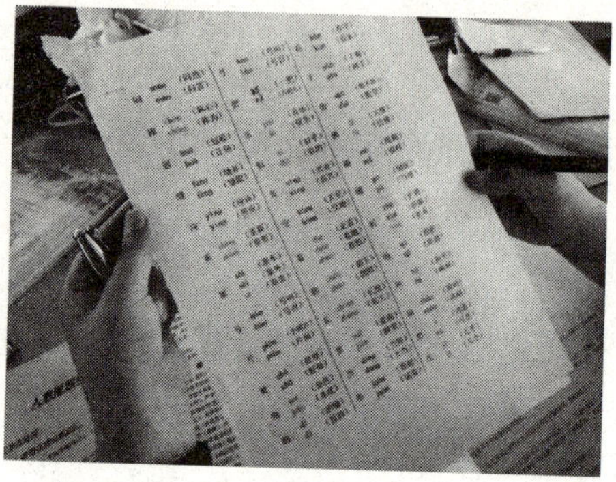

阅读教室　第150天

上午继续昨天的“复习我来讲”的专题，主要由第二小组的同学继续介绍如何复习第一、二单元。今天的小组吸取了昨天第一小组的经验，组长开始担当起“小小主持人”的角色，把每个孩子的汇报都连贯了起来。同时也会根据昨天第一组的汇报情况，着重讲述他们的重点内容。孩子们的汇报是经过精心准备的，也是针对昨天第一组的汇报精心增删过的。之前教研中心的陈主任听我的课时觉得孩子们不够自信，会一直望着我，这两天我仔细观察孩子们，确实存在这种情况，于是，今天课堂上我就鼓励他们自己做主，由组长组织并主持，做什么事情，说什么话由他们自己决定。结果，第一次孩子们不再看我的“脸色”，不再遵循我的言语，而是大大方方地将自己想汇报的都讲了出来。遗憾的是，我仍然觉得他们的声音不够洪亮，可能还需要话筒，但责任主要在我。因为有了第二组自如的表现，我可以分出一部分精力来提醒其他孩子去倾听与记录。不过，跟昨天一样，还是有两三个孩子处在游离状态。

在下午的语文课上，上午的那些担心与不足似乎都不存在了。也许是孩子们逐步适应了这种方式，也可能是第三组的孩子们汇报得特别好，也许是在汇报开始前我提出了相应的要求，但我更愿意相信是第三组的孩子们话语的作用。这组孩子在汇报时总会提醒其他同学该翻到多少页了，汇报完毕也总会询问其他同学还有什么疑问，主持的小组长吴光宇还特别依次介绍了每位同学汇报的内容各是什么。教室里除了汇报的声音、质疑的声音，几乎没有什么杂音，甚至上午还游离的同学下午都学会倾听与记录了，再加上汇报的同学准备充分、自信大方，所以孩子们的收获特别大。

虽然上午的课让我觉得有些失望，但下午的课却又让我感到惊喜。现在汇报的只有三个小组，后面会出现什么样的情况呢？小组汇报是一个复杂且需要不断调整的学习方式，我要面临的问题还很多。但前三个组里有两个平时对学习几乎没有兴趣的孩子已经开始大胆地说话并准备相关的资料了，小组合作的魅力确实很大。另外，这两天我听到了一些家长的反应，他们对于小组合作这种方式都很重视，这也让我觉得惊喜。看来小组汇报要继续下去，而且要将这个专题一直做下去。虽然汇报有时特别费时，但是，面对本来枯燥的复习孩子们却有这么大的兴趣，很值得我反思，也值得继续下去。

阅读教室　第 151 天

今天是两节连堂课，孩子们继续汇报自己对于单元复习的讨论结果。今天是由第四组的孩子汇报，我对这一组不是很放心：平时他们就不是特别团结，总是有些小摩擦，总是会因为各种原因相互吵闹，这也是我一直比较头疼的问题。加上他们汇报的内容是三、四单元，前天有一组孩子已经汇报过这两个单元，而且汇报得非常全面，留给这组孩子汇报的空间有点小，我担心他们会不会因为任务分配不均而吵架。可是现实却让我感到惊讶，我看见的是一个特别团结的小组，组里的每个同学都相互支持与理解，而且每个人的任务都分配恰当。虽然还有跟上一组重复的地方，虽然我偶尔会忍不住打断他们的发言，可是孩子们根本不受我的影响，甚至不顾少数其他孩子的质疑，坚持汇报完他们的讨论结果。这一刻，我确实感受到了汇报这种学习方式的魅力，它对于激发孩子的动力有着巨大的作用。

接着汇报的是第五组的孩子，他们汇报的是对第五、第六单元的复习讨论结果，这一组孩子让我感觉到了另一种惊讶：他们结合前四组同学汇报的经验，做了大量的准备，自己打印出来的资料有厚厚一叠，并且花了整整35分钟的时间来叙述他们的成果。小组中有一个同学，之前我特别担心他不知道该汇报什么，他今天竟然汇报了两项很长的内容，而且非常有条理，非常自信。在他们汇报的同时，跟他们准备同样内容的第六和第七小组悄悄嘀咕着：他们都汇报得这么全了，我们汇报什么呀？孩子们的担心和忧虑，也是我即将面临的问题，也是这种汇报方式不可避免的地方，可是真的就没有其他汇报的内容了吗？我开始也这么认为，不过剩下的两组孩子告诉我，再给他们一些时间去准备，他们还会有新的内容来汇报。既然孩子们提出这样的要求，我宁愿停下来，宁愿因为这个而耽误进度，应该让孩子们去试一试，看看他们还能再汇报什么其他内容呢？我可不可以通过一种方式，寻求解决这种弊端的方法呢？只有等着看孩子们的表现了。

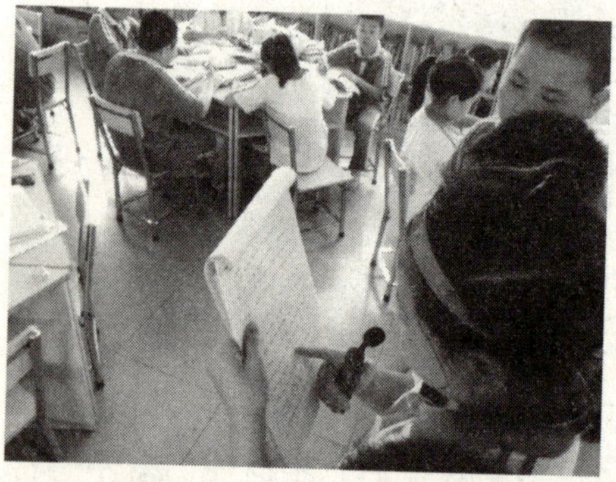

阅读教室　第153天

今天的语文课堂继续进行“复习我来讲”的专题汇报，这节课有点特殊，汇报第五、第六单元的第一个小组把内容已经汇报得特别全面，留给剩下两个组的可以汇报的内容相对少了一些。但我没想到两个小组的孩子都极其认真，特别是第六组的马文博同学，他平时的功课都很难认真完成，但是这次的复习汇报，自己却整理了一份极其详细的内容并打印出来分发给了其他同学，这是我没有想到的，而且，之前有配套的复习资料与知识点已经发给了孩子们，但是这两组的孩子完全抛开了这些内容，他们从书本，从自己的资料，从自己的经验中总结出不少新的内容，这是我没有想到的。孩子们倾听与记录得也很认真与仔细，看来，孩子们初步的学习习惯已经养成了。我不得不为自己前段时间的决定而庆幸，是这种汇报形式让我看到了孩子们的潜力与心底的诉求。

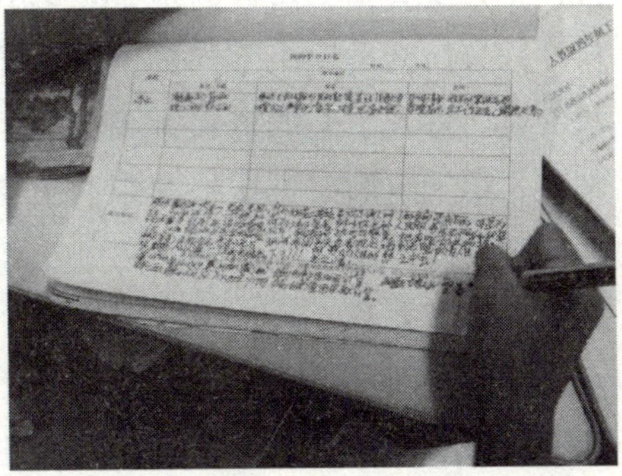

阅读教室　第 154 天

今天下午的语文课继续“复习我来讲”的第七、第八单元的复习，主要由第八小组的孩子们来汇报，他们的汇报日趋熟练，且分工合理、相互支持、配合默契，而其余的倾听、记录的孩子也特别认真。我很愿意看到汇报的孩子认真汇报，而记录的孩子也认真记录，而不是东张西望！现在，所有这些都在课堂上实现了！

阅读教室　第 156 天

今天进行最后的“复习我来讲”的专题，主要汇报的是第九、第十两个小组，汇报的内容仍然是第七、第八单元，因为之前的第八小组已经汇报得非常具体，留给这两个小组的空间确实不够多了，我也很为他们担心，担心由于汇报内容重复而打击孩子们的积极性，没想到孩子们找到的知识点仍然很多。两个小组面临的问题一样：第八小组汇报过的内容不能再汇报，于是我看到了这样的情景：第九小组共同合力完成了一份小组汇报资料，并分门别类地由不同的同学汇报；而第十小组则是先分任务，各自查找资料，每人手上的资料都不同，但合起来仍然是一份完整的材料。相对来说，第十组的孩子准备的东西更有针对性一些，因为每个孩子都可以根据自己的内容做出微调整，两个小组一起用一节课的时间将他们准备的资料汇报给了大家。

让我特别兴奋的是，因为两个小组汇报的内容都与前一小组的内容截然不同，却都是有益的补充。这种方式既节约时间，又体现了学生对于信息整理的能力，也有利于孩子在今后的小组合作中学会表述自己独特的体验。但是，由于这种形式是每个小组只准备两个单元，所以对于整体的复习而言，仍然是有缺失的。所以，第二节课我就安排孩子们来整理这么多天来自己的收获，并将整理的重点放到我还不会或者我需要重点复习的地方，我希望孩子们进一步梳理自己的知识体系，希望他们能够明确自己需要复习什么，我更希望孩子们能够有个性化的复习计划。虽然每个小组汇报的时候，其他孩子已经利用“学习日志”记录了自己的所得，但是未必就能够拥有一个完整的体系。今天的作业就布置这个。

学习的“主动”与“能动”

前面所述是四年级下学期的阅读素养课程，虽然较为零碎，但已逐步开始整合，逐步向统整的方向切入。特别是有关《今年的端午节》的专题，完全掀开了阅读教室的“工作纸模式”，为五年级全面地展开“工作纸模式”打下了基础。对于这段时间的课程，我在2014年第5期发表在《小学语文教学》（会刊）上的一篇文章似乎更能说明这个阶段的特点。

附：

“主动”与“被动”

——习作教学中的“学习”、建构与自主修改

（深圳市福田区园岭小学　李祖文）

学生修改自己习作的方式方法很多，培养学生自主修改习作能力的方式方法也有很多。但不外乎是学生自评、同学互评以及教师评价后提出建议让孩子自行修改，也有用班级小报、作品发布等外显方式来教学的，更有用前几年流行的教师同时写下水文的方式方法来促使学生学会修改，并能够自主修改习作。但我认为，这些都是使被动学生修改，而非学生主动去修改。究其实质就是“要我改”与“我要改”的区别。浅显地说就是“皇帝不急太监急”。

生生互评、同学互评是需要教师在教室中营造一定氛围的，离开了这样的氛围，效果是会大打折扣的，因为学生并没有真正形成自主修改的习惯与能力。在习作教学中，培养学生自主修改习作最大的障碍是：作为一个自然人，我为什么要修改我的习作？也只有解决了这个问题，培养学生自主修改习作能力才能真正落到实处。

在我的阅读教室中，我尝试着用学习与建构的方式来培养学生自主修改习作的习惯与能力。

一、改变常态教学方式，从学生的原始习作开始每个专题的学习

传统的常态教学方式是学习完一个单元的几篇文章后，再让学生动手来写与这个单元有关系的习作。这是比较典型的先阅读后写作，或者说是写作是阅读的迁移和运用。这样教学的好处是条理清晰，积累与运用的过程明了。但也人为地将阅读与写作这两个可以并行融合的过程分分裂开来，最终导致阅读与写作完全脱节。

但在我的阅读教室的教学现场中，对此却是这样设置与组织的：在进行每次的专题学习之前，或者是进行某个专题学习时的第一步是让孩子们针对这个专题，先自行习作，按照自己的想法去写一篇与这个专题有关的文章，我称之为学生的"原始习作"。或者从教育学角度而言，则是学生的已知经验。要求是：字数无限制，自己觉得应该怎么写就怎么写。当然，对这种习作的布置要特别开放，要让学生有话可说，比如五年级的习作布置要求如下：

1. 说明文体类的习作布置要求：生活中有很多的物品很有意思，但是不是每个人都会知道的，你可以试着选择一种物品介绍给大家，如蔬菜、水果、玩具、文具或电器。自行习作。具体要求：文章中不可以出现所写物品的名称，但没有字数的限制。(需特别注明：无须写题目)

2. 对于写事类的习作布置要求是：播放公益片视频，自行习作，具体要求：将视频中的内容描述出来，如果可以，同时写写自己的想法。

3. 对于写人类的习作布置要求是：我们已经写了《不一样的我》，想想自己身边有没有不一样的人呢？或者有一位你特别想介绍给大家的人呢？或者是一个大家熟悉，但你发现了他或者她特别不一样的地方。以《不一样的XXX》为题，写一写。

4. 对于写景类的习作布置要求是：参加一次对学校附近的景物观察的活动，试着将你看到的景物描述出来，看到什么就写什么，想到什么就写什么。

或许有人担心，这种学习之前的习作，效果会非常不好，这是必然的，但这却是孩子对已知的真实体现。我这样设置还有另外一个目的：将孩子的已知作为孩子修改的"底版"，也就是让孩子在后面的学习中有了可以比对，可以修改的东西。我试着用这种方式来解决"我为什么要修改"，也就是利用这种方式解决"我要修改的是什么"。

二、更新学生学习的概念，将学习变成一种习惯

因为有了每个学生的原始作文，有了可修改的“底版”，那就要通过学习不同的语言材料，从中获取自己可以修改的素材。

在我们的《现代汉语词典》（第6版）中，学习即“从阅读、听讲、研究、实践中获得知识或技能”；而国际视野中的“学习”却如日本学者佐藤学所言，“学习就是同教科书（客观世界）的相遇与对话，同教室里的伙伴们的相遇与对话，同自己的相遇与对话”。学习是由三种对话实践——同客观世界的对话、同伙伴的对话、同自己的对话构成的，前者使我们的学习途径变得单一，而后者却丰富了我们的学习途径，从某个角度而言，应特别重视自我的反思，用到我们习作的修改环节，即自主修改，修改是自己与自己的相遇与对话。我们对于孩子自主修改能力的培养始终低效，问题就在于我们过于重视前一种学习。

在阅读教室的环境下，我又是如何更新与强化学生的学习概念，为学生自主修改做好铺垫的呢？

首先，改变学生讨论交流后的汇报内容。然后，将学习的途径逐步扩大，改“课堂记录本”为“学习日志”。

我们习惯在学生讨论交流后，让学生将小组讨论的意见汇总后再汇报出来。对于常规教学而言，这是无可厚非的，但我们恰恰忽略了孩子在讨论过程中的学习，虽然形成的是共同的想法，却忽略了个体的所得。因为有了孩子的原始作文，孩子有了学习的需求，所以，在讨论交流后，我就特别重视个体的所得。当然，这种重视必须建立在合适的训练中，下面是教学日志：

今天的教室是继续昨天观察后的习作。首先我让孩子们说说自己题目的前缀词，我以为可能是比较熟悉的一些诸如“栩栩如生”“普通”等，没想到孩子们这次呈现出来的，竟然没有一个是相同的，竟然出现了“活灵活现”“独特”等新鲜的前缀词，这是我没有想到的。课堂的展开，首先是小组的交流，我特别提醒孩子要注意借鉴同学的写法与比较好的词句，更要注明某一点或者某句话是从哪位同学那里“学习”来的，并且选出一位被“学习”最多的同学在第二节课代表小组来汇报，孩子们随即展开了这样的活动。说实话，目前的这种小组交流模式可以避免不少孩子无所事事，或者光交流而不倾听的情况，但仍然有孩子会游离于整个氛围之外。所以

这节课的汇报内容就调整为“我从×××同学那里学到了×××”，从而使整个汇报交流更踏实与实用，更具有指向性，后来孩子们的汇报也体现出了这一点。第二节课的汇报开始后，我给所有听的孩子提出一个要求：我从汇报的同学那里又学到了什么？没有想到最后的效果是，越是后面汇报的孩子越容易将前面同学汇报的内容纳入自己汇报的内容中，这让我感到很欣慰，因为孩子们终于明白了学习的定义，也明确了学习无处不在，学习可以不断变化的道理。

时常进行这种“我从×××同学那里学到了×××”的思考，让学生逐步养成了向同学学习的习惯。

孩子们通常认为，到学校应该是向老师学习，所以才有了“课堂记录本”，用来记录每节课老师的板书和话语，这其实也是无可厚非的。不过在阅读教室的课堂里，为了强化学生的学习意识，养成学习习惯，我改“课堂记录本”为“学习日志”，要求孩子每节课都做学习记录，而每节课的学习记录则细分为“向教材学习”“向老师学习”“向同学学习”。相应的还将“向同学学习”的空格分隔得比较大，目的是促使孩子要多注意同学的发言，注意向同学吸纳知识经验。

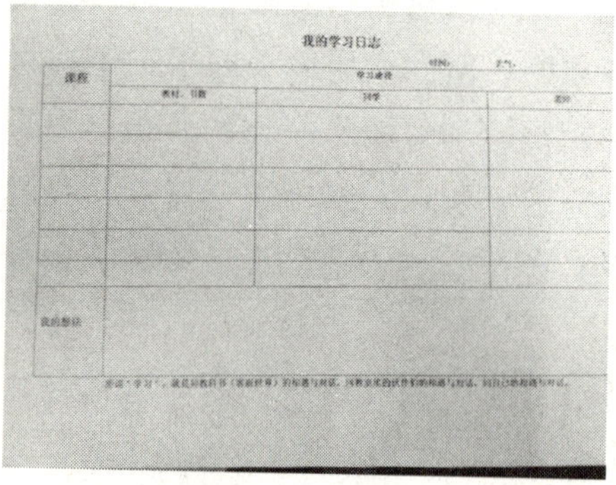

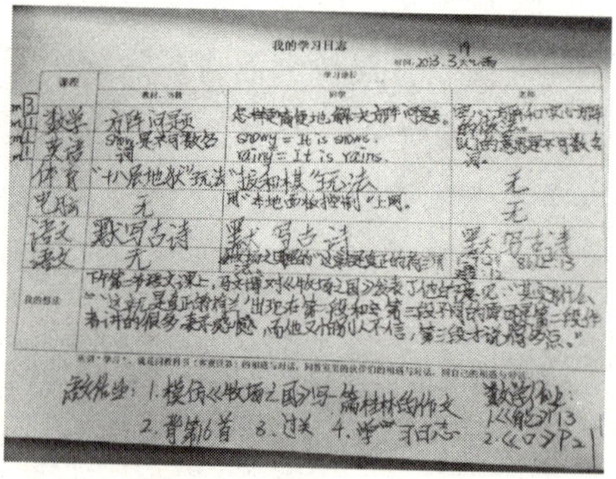

这样尝试的初步效果已经显现了出来，我们来看一个简单的例子。一个学生在写关于“橙子”的片段时，原始习作是这样的。

大家好，我是在家里常见的橙子，我现在来做个自我介绍吧！

我头上是凹进去的，下面是凸出来的。我滚来滚去，停不下来。身上有很多凹凸的点点，摸起来很舒服。我的身体软软的，有一些地方有很多黑点点，黑点点硬硬的。如果你想咬我的皮，我建议你还是别咬了。我的皮，咬出的汁水苦涩难咽！不过你闻一闻还是可以的，我的身体香就比香水香，如果有很多脏东西就比垃圾还臭！主人常常很自豪，因为主人的同学们说，“啊，真香”，我很自豪！

我很可爱吧！我还有很多维生素C哦！

但是当学生们小组讨论交流后，这个孩子的习作变成这样的：

大家好，我是在家里常常见到的橙子，我现在来做个自我介绍吧！

我头上是凹进去的，下面是凸出来的。我滚来滚去，停不下来。身上有很多凹凸的点点，摸起来很舒服。我的身体软软的，有一些地方有很多黑点点，那是我的“伤痕”，是别人用我的同伴撞出来的。黑点点硬硬的。如果你想咬我的皮，我建议你还是别咬了。我的皮，咬出的汁水苦涩难咽！不过你闻一闻还是可以的，我的身体香就比香水香，如果有很多脏东西就比垃圾还臭！主人常常很自豪，因为主人的同学们说：“啊，真香”，我很自豪！

我很可爱吧！我还有很多维生素C哦！

两厢比较，似乎只多了一句话，可是当我询问学生，这句话是如何得来的时，孩子告诉我，这是一位同学的习作里的，她觉得这句话用到她的习作中特别合适。为此，我特意将这份习作拍成了照片：

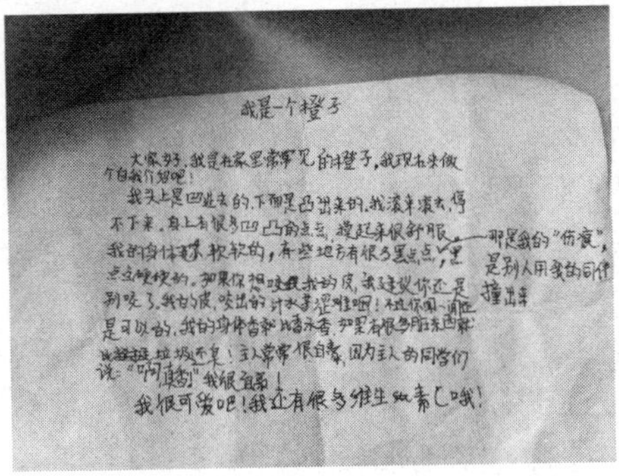

或许就是这么一句话，有时候可能只是一个或者两个词语，但是学生将其借鉴到了自己的习作中，我想，这就是学习，这就是自主修改的开始，这更是在学习中的逐步建构。

三、阅读与习作的过程融合，让学生始终处在自主修改的需求中

阅读教室的课程，将阅读与习作的界限打破，让二者的过程融合起来，从孩子的言语需求出发，让学生在真实语境中习得语言，在学习的过程中，

不断自主修正自己的言语实践——自己的原始习作。下面，试举其中一个专题的学习历程。

专题——生活中的事

一、我们一起来欣赏一本绘本《世界上最美丽的村子——我的家乡》。

看完这本关于家乡的绘本，你有什么样的想法？你也试着来介绍一下你的家乡吧：

二、我们课本上也有描写家乡的文章，我们来看看他们分别写了家乡的哪些方面，试着梳理一下。

1.《小桥流水人家》：

2.《桂花雨》：

3.《古诗三首》：

4.《梅花魂》：

我的文章中写了我家乡的：

三、家乡的事物是众多的，但是留给每个人的总是那些让我们觉得熟悉的，我们看看家乡都在各自头脑中留下了什么场景？

1.《小桥流水人家》中的场景：

2.《桂花雨》中的场景：

3.《古诗三首》中的场景：

4.《梅花魂》中的场景：

我的文章中写了我的家乡的场景是：

面对这样的一些文章，与我的文章对比后，我的收获是：

四、经过这样的学习历程，我可以对我的习作做这样的修正：

五、经过我们对课文的学习以及对自己的文章的修正，我们对自己的家乡有了一定的认识，但还有这么一种对家乡的描述，我们来看看鲁迅先生的《故乡》（文章略）：

看了鲁迅先生的这篇文章，想一想：

1. 我自己写的文章与这篇文章的哪部分相似？

2. 我还可以继续写哪部分呢？

六、看完鲁迅先生的文章，我们可以在原来的习作上继续写《二十年后的家乡》，想想，二十年后，我们回到自己的家乡，会发生什么事情呢？

七、如果我们与同学交流后，可以借鉴到一些什么呢？

八、如果我们将自己两次的习作合二为一，可以成为一篇什么样的文章呢？不妨来试试吧！

就是这样的历程，将习作与阅读不停地进行融合，从学生的言语实践需求出发整合整个教学过程，让学生不停地拿自己的原始习作与课本的选文比对、借鉴，继而对照自己的新习作，继续做自我修改，在这种修改中，建构自己的言语实践经验，形成新的文章。

因为从四年级开始到现在，我在阅读教室里不断用以上措施整合、调整自己的教学方式方法，逐步培养学生自主修改的习惯与能力，如今已经初见成效。从我的实践来看，这种方式确实不失为一种培养学生自主修改能力的有效方法。（本文结束）

阅读教室的四年级课程就是这样，繁杂，不成体系，甚至有时浅尝辄止，但已经有别于传统课堂，已经出现了一些特别的方式方法。从前进的角度来看，四年级一定是在混乱中逐步寻求到了方向。

实施建议>>>

阅读教室有别于传统教室最显著的内涵特征应该是阅读教室的阅读素养培养体系。平常的教室培养的只是孩子的知识与技能，而阅读教室则指向于阅读能力与阅读素养。在实施的过程中，我们必须注意以下几点。

一、要重视和遵循已有教材体系的方方面面，关注侧重点

阅读教室的阅读素养培养体系，虽然是对于教材文本的重组，但这种重组是从教材的基本要求出发，基于教材本身的能力训练系统而定的。比如，四年级上册的“发现自己”“阅读中的停顿”“我对课文的发现”“观察与发现”“对动物的观察初感知”“对如何提问的初感知”“发现童话之奇妙”“发现人物的特点”“古诗吟诵感知”“发现景物之妙”“发现与感知之词语”等专题，四年级下册的“发现景之美”“发现科学之真”“发现人性之妙”和“发现故事之善”等专题，都是基于教材和学生能力的训练需求，然后重组教材而产生的有别于原有主题设置的专题。可以说，看似不一样的设置，其基准点却仍然是从教材的基础上延伸出来的。

二、要想方设法阅读孩子的能力需求点

四年级时确定的专题如“发现自己”“我对课文的发现”“观察与发现”“发现童话之奇妙”“发现人物的特点”“发现景物之妙”“发现与感知之词语”“发现景之美”“发现科学之真”“发现人性之妙”和“发现故事之善”，都有一个共同的关键词——发现，之所以这样设置，主要是根据学生能力的现状以及培养需求设定的。教师在教学的过程中，更多的是鼓励孩子与关注过程。

或许学生对于知识灌输不是太感兴趣，甚至有些抗拒，但对于“发现”本身，“发现”的角度、“发现”的过程、“发现”的结果，抗拒性可能小了很多。从这个角度来说，教师设置阅读教室的阅读专题，就必须想方设法发现孩子的需求点。

三、要尽可能将教材体系的训练与学生的需求点相结合，形成可操作性强的课程体系

因为阅读教室的课程要以学生为中心，要从学生的需求出发，但学生的需求往往过于个性化，对接教材体系与学生的需求点是阅读教室课程的重要准备工作。

任何的教育要传递给学生的知识经验都是成年人整合出来的，现代社会背景下的学校教育也必然如此，阅读教室的课程教学也不能免俗，所有的专题都是专家、学校以及教师要传递给学生的概念。但源于统整课程的阅读教室却有所不同，其课程讲求从学生的需求出发，包括需要引导学生对某个问题进行深入研究的功能性阅读和满足学生生活需要的生活性阅读。某种程度上讲，阅读教室教学的成功与否的重要标准之一就是是否照顾到了学生的想法，而不仅仅是专家、学校以及教师的想法。

但我们也不得不看到事物的另一面，学生的需求有时候过于兴趣化，甚至有时有些平面化，该如何对接？赵镜中先生曾提出，教师应从以下四个方面去考量专题学习，让其尽可能贴近孩子的需求：文学特质的讨论、阅读形式与阅读理解的联系、语文与生活的联系、读写结合的操作。而阅读教室的课程则尽量贴近读写结合的操作。

四、要尽可能扩大教师自身的阅读面，寻求更合适的阅读文本

阅读教室的阅读课程，在设置上一直基于教材、依托教材，但还需要补充大量的更适合孩子阅读的文本，对于阅读教室的教师而言，就需要阅读大量不同的文本，筛选各种各类的文本，挑选出适合自己教室孩子阅读的文体。

这不仅考验教师的时间、精力，更考验阅读教室教师的阅读眼光与阅读品位。

五、依据不同的年级，阅读专题的确定。专题的设置是螺旋上升的

四年级这些专题的选择，涉及小学阶段的人、事、物、景。在四年级学习期间训练了这些方面，在五、六年级仍然会涉及。即便是同样的训练，因为不同时期学生的学习状况和需求发生了变化，其效果和训练步骤也会有所不同，这是一个螺旋上升的过程。

四年级期间大约做了15个左右的关于阅读素养的专题，每个专题从设想开始到具体的实施阶段，在我的教学日志中都已呈现，可谓酸甜苦辣，五味杂陈。没想到每个专题下，孩子们的表现都超出我的预期，从另一个侧面也可以看出，只要关注了学生的需求，教学效果也许总会超出我们的想象。

第五章 漫游于阅读课程

名为“阅读教室”，阅读教室的阅读课程可能不一样。名为“阅读教室”，阅读是无处不在的。

名为“阅读教室”，阅读的形态一定也与传统的阅读方式有区别。

在阅读教室的环境下，课型也在悄悄地发生着变化。在最初的设计中，我是这样设置课型的：背默课、表达课、阅读课（分阅读技能课、阅读统整课、班级读书会、自主阅读课、阅读分享课等），这其实是一种理想的状态。在四年级整个一年的教学现场，已逐步演变成三种课型：自由阅读课、演奏书籍课程、“工作纸”模式的阅读课程。

自由阅读课

所谓的自由阅读课，指的是班级读书会课型的一种。在最初的阅读教室的课程规划中有两种课型：自由阅读课和阅读分享课。鉴于班里孩子的阅读现状，暂时只采取一种：自由阅读课。

其实，阅读教室里孩子们自由阅读的时间很多。每天早上的晨读时间有 20 分钟，每天下午第一节课前有 30 分钟，加上一天中一些零碎的阅读时间，基本上每天可以保证孩子有 1 小时左右的自由阅读的时间。但孩子们仍然不满足，他们希望在所谓的“正课”中有一节这样的课，顺应孩子们的需求，在每周的固定课型中，我们加上了一节固定时间的自由阅读课。

这是一节无需老师管理的课堂，这是一节孩子们极其讨厌被人打断或者被撤销的课堂。

目前，阅读教室的藏书量已达 8000 多册，种类涵盖了文学、科普，也涵盖了语文、数学、英语以及科学等各种学科的配套图书。

这期间还发生了一件事：最初孩子们捐赠的书籍都是一些自己也不太乐意读或者已经在家里尘封很久的书。这样的书放到教室里，也是累赘，也是一种负担。怎么办？我曾经想过这样的办法：在自由阅读课的时候，指定孩子们只能挑选同学们捐赠的书籍来读。当孩子们自己愁眉苦脸的时候，我就知道下次捐赠的一定不会再是这样的书籍了，后来孩子们的行为也证明了我的预测。他们想尽一切办法来丰富阅读教室的书籍，如今，教室中丰富多彩的书籍让孩子们始终浸润在书香中，也让作为班主任的我轻松了许多。

因为自由阅读的时光很美，对于这样一个有着 35 个男孩子，只有 20 个女孩子的班级来说，安静的阅读时光更美，更难能可贵！

因为书籍的增多，因为阅读教室的书籍概不外借，所以阅读权往往是我这个班主任的最后法宝，也是孩子们最为重视的一项权利。

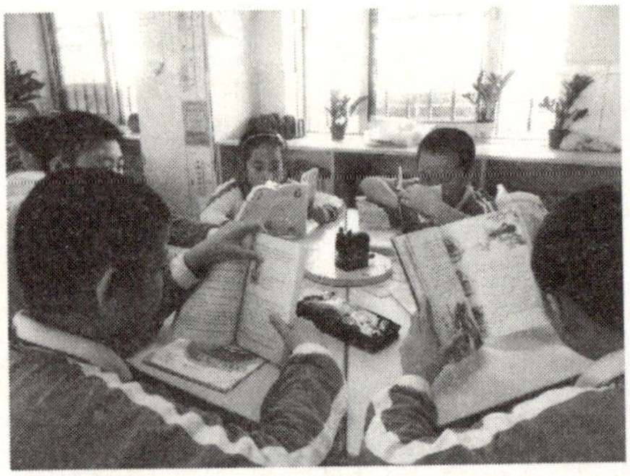

“演奏书籍”课程

“演奏”在词典中解释为“用乐器表演”。无论如何，在传统的概念中，演奏与书籍都没有直接的联系，但是在阅读教室里，二者却被结合在一起。一方面，希望孩子们能够如演奏乐曲一般，不同的演奏者有不同的曲风，有不同的节奏；另一方面，希望阅读教室的教师能如一支乐队的指挥一般，让不同的乐器合奏出一曲令人陶醉的交响乐。于是，就有了这样的几个概念：不同的演奏者、不同的曲风、不同的声调。合奏，最大限度地考量孩子们对于书籍的感知，也最大限度地考量孩子们如何共同建构。因为阅读教室这种“演奏”书籍的方式重在发现，重在个体的感知，因而弱化了传统意义上的单纯的读后感，而更加注重过程。

阅读教室的“演奏”书籍重在让孩子使用一些表格，使用一些图文结合的方式来整合自己对书籍的感知。于是，大量的表格、概念图等形式就出现在对书籍的反馈中。在四年级，对这种方式的运用相对处于初步状态，我们将重点放在了激发孩子们的阅读兴趣上，因而，“演奏”书籍的课程仅仅是初步尝试。

阅读教室　第52天

今天的课从讲故事开始，首先让孩子们听老师讲一个故事——《长满青苔的怪石头》。这个故事选自《蜘蛛人安拿生》，讲述的是一系列哲思故事。我将其选入课堂的目的不是让学生关注故事的本身，而是将其作为一种媒介。在讲故事前我就告诉孩子，接下来还需要他们自己去复述，所以在我讲故事的时候，让学生一定要做记录，以辅助自己复述故事。讲述结束后，我先让孩子们自己做一些一般的梳理与准备，然后在小组长的带领下复述这个故事。后来我发现，很多孩子在复述时遗漏了一些关键元素，比如，安拿生念的是“这真是一个盖着青苔的怪石头”，孩子们要么是没有注意到这句话，要么就是将这句话改成了其他的话，但这句话对于故事的复述来说却是十分关键的。于是我指名让两个孩子来复述，让孩子们来感觉是否合适。孩子们很快就发现了这句话的重要性。第二节课，我让孩子们回忆在上节课“讲故事”的过程中，自己用了哪些方法来记录这个故事。有的孩子说他记录的是一些关键字词；有的孩子说，他记录的速度快，记录的是一些关键的句子；有的孩子说，她记录的速度慢，是用图画来表示的；也有的孩子说，为了避免遗忘，在图画与关键的字词之间，他还会用一些箭头符号进行连接。这些方式都是为了之后以“文学圈”的方式来感知做准备，因为对于“文学圈”而言，同学之间的讲故事分享是极其重要的。这个故事，我只让孩子们听了前半部分，我想在讲完故事后让孩子们试着猜测故事将如何发展，并将自己的猜想写到便利贴上，小组一起统一贴到一张海报纸上。同时，小组的同学共同分享：安拿生给我们留下的是什么样的印象？我启发孩子们，可以利用刚刚学到的方式——文图结合，大家可以将安拿生的形象画下来，将每个人对安拿生的评价写到旁边。不过要写明为什么要这样画？为什么会有这些印象？孩子们开始认真地做起来，第一次感觉到孩子们的无限创意，第一次感受到他们对课堂任务的重视。已经下课了，他们还在继续。

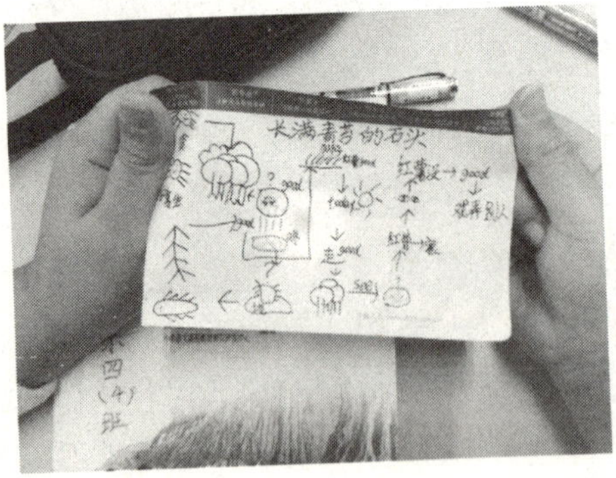

的事情，于是，我请这位孩子站起来分享她这样做的原因，她说那是因为绘本内容很有趣。我又问其他孩子有没有念绘本给父母听，以及为什么会念？许多孩子都表示前一天晚上念了，只是原因不同。我告诉孩子们，确实是这样的，我们有种种原因会去分享，今天我们就来试试从不同角度去分享。于是我让孩子从这样五个角度去感知：有些地方有点怪怪的、有的地方好好笑、有的地方怕怕的、有的地方好开心、有的地方好伤心。我之前想让孩子至少选择三个角度来感知，但不少孩子都表示分享自己的书只能选择一到两个，我告诉他们没有关系，只要记住在书中相应页码贴上便利贴，上面简单写上自己的感受及分享的原因，同时在工作纸上写清页码并依序整理好，方便后面的交流就可以。孩子们很快就开始了阅读与标记粘贴，15 分钟后，开始小组交流，这一次我又提高了要求，其实也不算新要求——利用“学习日志”来记录自己从同学那里学到的新知。10 分钟后，交流仍在继续，丝毫没有停下来的迹象，但课堂的时间总是有限的，永远不能无休止地继续下去，这恰恰就是本节课主题的另一个意义所在。我让孩子们把工作纸放入书中，加上原有的贴纸一起放到书架上。我告诉他们：现实总是让我们无法尽情交流，但我们可以在书中留下这样的痕迹，如果，下一个阅读这本书的同学看到这些内容，也这样来写，就像自己与这位同学也交流了一次，就像是在书中相遇了！这样的一节课，是另一种形式的简单的“文学圈”，也是为“小说文学圈”所做的铺垫！

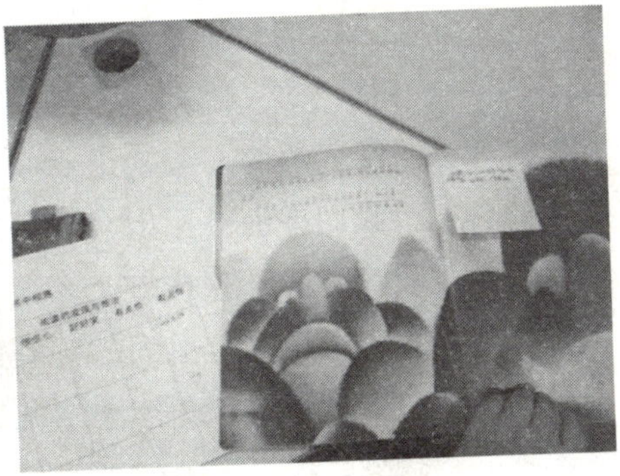

的事情，于是，我请这位孩子站起来分享她这样做的原因，她说那是因为绘本内容很有趣。我又问其他孩子有没有念绘本给父母听，以及为什么会念？许多孩子都表示前一天晚上念了，只是原因不同。我告诉孩子们，确实是这样的，我们有种种原因会去分享，今天我们就来试试从不同角度去分享。于是我让孩子从这样五个角度去感知：有些地方有点怪怪的、有的地方好好笑、有的地方怕怕的、有的地方好开心、有的地方好伤心。我之前想让孩子至少选择三个角度来感知，但不少孩子都表示分享自己的书只能选择一到两个，我告诉他们没有关系，只要记住在书中相应页码贴上便利贴，上面简单写上自己的感受及分享的原因，同时在工作纸上写清页码并依序整理好，方便后面的交流就可以。孩子们很快就开始了阅读与标记粘贴，15 分钟后，开始小组交流，这一次我又提高了要求，其实也不算新要求——利用“学习日志”来记录自己从同学那里学到的新知。10 分钟后，交流仍在继续，丝毫没有停下来的迹象，但课堂的时间总是有限的，永远不能无休止地继续下去，这恰恰就是本节课主题的另一个意义所在。我让孩子们把工作纸放入书中，加上原有的贴纸一起放到书架上。我告诉他们：现实总是让我们无法尽情交流，但我们可以在书中留下这样的痕迹，如果，下一个阅读这本书的同学看到这些内容，也这样来写，就像自己与这位同学也交流了一次，就像是在书中相遇了！这样的一节课，是另一种形式的简单的“文学圈”，也是为“小说文学圈”所做的铺垫！

有不理解的地方没有图片可以说明，而这套书却有图片。”由此我引出了连续性文本与非连续性文本的概念，并且引导孩子们思考教材中在课文的什么地方可以加入图画进行说明？孩子纷纷开始翻书来寻找，并且谈了自己的看法，至此，我的教学目的已经达到。综观这节课，我想让孩子们充分体会“文学圈”的味道，想将对 KWL 的运用切入到“文学圈”中去，同时，我还想让孩子们在对文本的感知方面有所了解。从目前的效果来看，已经初步实现了这样的效果，但我始终觉得，也许是我设置的问题，也许是孩子还没有适应，仍然有让我觉得不尽如人意的地方。

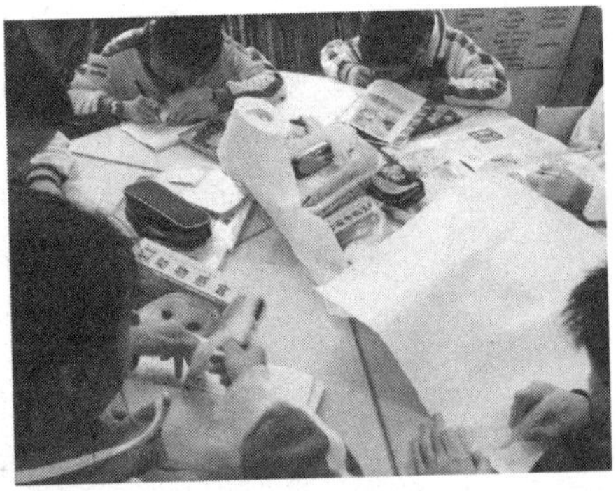

阅读教室　第 115 天

基于学习“小说文学圈”的需要，需要将绘本作为教材小说与完整小说之间的桥梁，因而我将这节课的内容确定为绘本感知，主题为“在书中相遇”。昨天我已经让孩子们提前挑选了一本绘本来阅读，今天一上课就以一位家长的短信开头，这位家长在短信中告诉我孩子回家念绘本给他们听

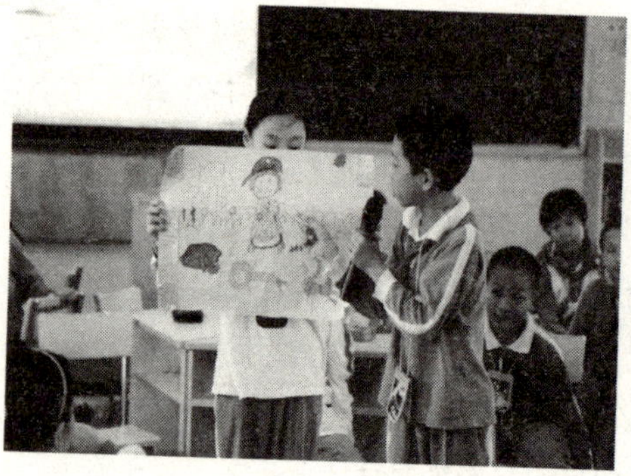

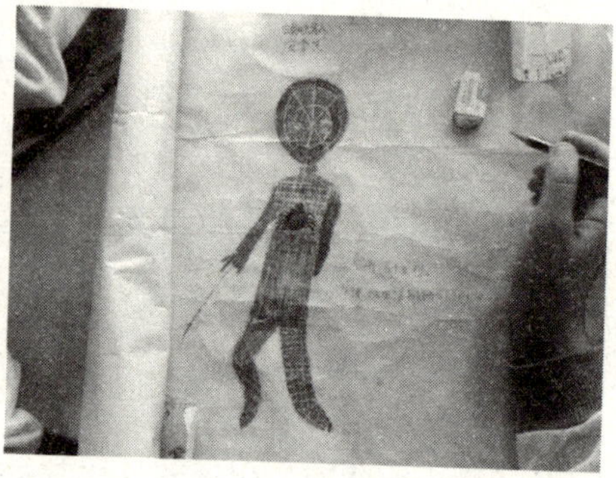

阅读教室　第 110 天

在昨天针对课文 KWL 表格内容的整理的基础上，一上课就将孩子们昨天所做的海报汇报纸再次用 PPT 的方式展示出来，让他们再次回味课文的内容整合，继而在昨天晚上作业的基础上开始今天的内容整合。首先我用 PPT 出示要求：(1) 将自己通过阅读《什么是什么》书籍的所得，也就是“L”栏的内容用便利贴写出来，有一条就用一张便利贴；(2) 组长将小组同学所读的书籍名字按顺序写到海报纸上；(3) 小组同学将自己所写的便利贴贴到自己阅读的书名下面；(4) 组长带领小组同学分享各自的阅读所得；(5) 每位同学试着再次提问，最好是针对其他同学的分享提问，组长将大家的问题整理到海报纸上；(6) 组长安排好面向全班分享的同学。分享时要注意：先要告诉全班同学本组同学都读了什么书？他们的所得是什么？同学们的问题又是什么？布置完上述要求，我开始让孩子们做小组汇报的海报纸。孩子们都非常认真，因为要将自己的所得分享给其他同学，只是，不得不承认，孩子们的书写速度有极大的差别。有的孩子还在写时，有的孩子已经写完了，于是只能调整汇报的顺序与时间。这部分的意义没能充分体现出来，因为它本身就是“文学圈”的一个重要部分，但总会因为时间不统一而使孩子们的分享交流以及向同伴学习的空间不够大。这也是在大班额的状态下，如何进行充分的“文学圈”交流的问题所在。随后的交流又回到正轨，我让孩子们倾听同学的发言，建构自己的新知识，并提出自己的问题。孩子们的交流与分享无疑是精彩且让人欣慰的，但这个时候，必须与我们的教材联系起来。我问孩子们：“为什么喜欢读这些书，而对课文却没有这么大的兴趣?”孩子们告诉我：“那是因为对书中的文字组共同修改自己的图画。我一直提醒孩子们，我们要找到可以完善蜘蛛人安拿生图像的新依据，还要安排好一位讲故事的同学。中间出现了一个插曲：孩子们拿到故事单后瞬间就安静了下来，平时要声嘶力竭地制止他们才会安静，甚至有一位小组长动作稍微慢了点竟然被组员呵斥了。看来故事的魅力真是大呀！孩子们看了5至7分钟后，我随机询问各组孩子，都添加了什么以及为什么要添加。随后我问有哪些组是读第一个故事的？谁来讲讲？我还特别提醒，没有读到这个故事的小组要注意听这个故事，看自己可以得到哪些修改图像的信息！结果没想到这个讲故事的孩子一口气讲了10分钟，而我本来只给了5分钟的时间，孩子们讲得一板一眼，绘声绘色。我想，一方面，孩子们掌握了讲故事的技巧，另一方面，他们本身就有讲故事的天赋，这也表现了昨天课堂教学的效果。这个孩子讲完后，我马上问其他组的孩子："自己组的图像还可以添加什么？为什么？"我继续追问："老师没讲，你是怎么知道的？"从而引出"向同伴处学习"的概念。然后我以时间不充足为理由，让读第二个故事的孩子们用自己添加的图像来说明自己读的故事。这次的故事就显得有些笼统了，许多孩子不明白，不过我这是有意为之，目的在于引出读整本书的六种方法，而今天的专题学的只是图像艺术家这个方式而已，如果将来学全了其他方式，对故事的赏析以及掌握就会更加到位了！其实这个专题只是为后面更大的主题——发现人的特点做铺垫，实际上它只是一个序曲。通过这个专题，我越发觉得，小组合作与展示表面上看好像只是叙述自己的所得，其实，更重要的是，在小组合作分享时，其他孩子能够从中学到新知识，小组分享后，能够在自己所得的基础上再建构新的知识。

 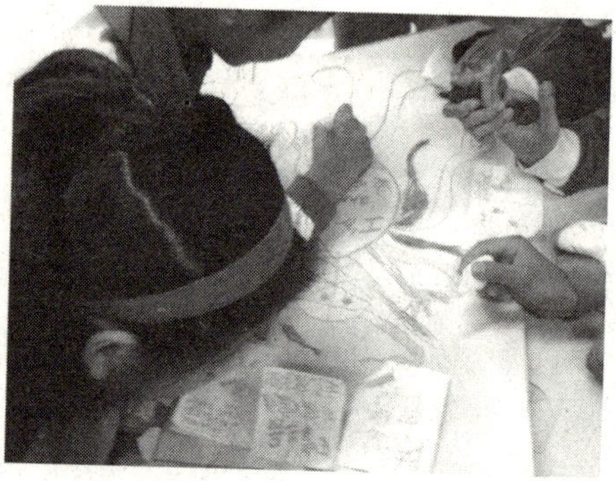

阅读教室　第53天

今天的课堂继续昨天的内容，让孩子们初步展示昨天的小组合作成果。孩子们的想象力与创造力让我感到很吃惊：有限的文字信息给了孩子们无限的想象空间。我问孩子们为什么想到画这样的画面？孩子们说，从故事中的蜘蛛人想到了蜘蛛侠，头脑中就有了大概的印象；从故事内容可以看出他做事的态度以及一些动作，我不得不赞赏孩子们对故事中语言文字的把握能力。但也有不少孩子问我：安拿生到底是男的还是女的？为什么要叫蜘蛛人？顺着孩子们的问题，我继续为他们阅读《长满青苔的怪石头》的后半部分，当我读到“安拿生的几只脚在地上打鼓”时，许多孩子都迅速拿起笔开始修改自己的安拿生的图像。这一瞬间，我感觉特别满足，孩子们会有目的地选择适合他们的信息，这其实就是“文学圈”训练的一个最初具象。当我把故事完整地读完以后，孩子们已经迫不及待地开始修改自己的图像了，他们似乎抓到了自己图像的问题所在。这其实就是学习，就是建构，就是自我建构。

下午第一节课，我们将课堂展示给全校的老师看。这节课的内容不是刻意安排的，是继续学习这个专题。一上课，我就让孩子们回忆前面几节课的学习内容，然后让他们用图来复述关于蜘蛛人的印象。孩子们利用自己画的图介绍完蜘蛛人后，我又出示安拿生自述的诗歌，让孩子们再次修改自己的图画，修改后告诉其他同学，自己又添加了什么？为什么要添加？随后，我给孩子们发了三个关于安拿生的故事，但每个孩子只能分到一个故事，而且每个孩子拿到的故事都不相同，这样设置的目的是为建构学习的意义做准备。拿到故事后，孩子们便开始阅读，并根据手中的故事，小

“工作纸” 模式的阅读课程

“工作纸模式”在我最初的课程体系里是作为作业形式出现的，这也是借鉴香港的一种教学模式。但在实际的操作中，我逐步感觉到，这是一种可以改变现有教学模式，且特别符合阅读教室的阅读方式。因此，它逐步从作业时的偶尔运用过渡为课堂教学必不可少的方式，因而，在四年级的使用中，它只是偶尔出现，没有五年级时的广泛使用，具体的一些使用方式在后面的章节会有详细的描述。不过关于这种模式的使用的设想，在发表在 2012 年第 12 期《小学语文教学》（会刊）上的一篇《香港习作工作纸在内地语文教学中的运用》中做出了简要的说明。

研究·借鉴·应用

——浅谈香港习作工作纸在内地语文教学中的应用

香港的“工作纸”模式有些类似于我们的练习册，只是形式上，我们的练习册是装订成本，每个孩子手拿一本；而香港的“工作纸”则是一张或者两张的练习纸，目的是配合教学的某个专题练习，也可能是配合教材的阅读练习，也可能是配合课堂教学的关于字词的专项训练，而更多的是关于习作的配套练习。

一、香港习作工作纸的范例

写作工作纸

配合写作：《运动的好处》

姓名：　　　　成绩：

班级：　　　　日期：

学习重点：

学习运用点列式来组织篇章

学习运用分类说明来写作事理说明文

学习先总说后分说的技巧

认识说明文的种类及写作方法

（一）说明文的种类及写作方法：观看教育电视节目《逍遥村的秘密》（下面附教育电视节目表，此处略），然后回答问题。

1. 说明文可分两类

(1)（事理）说明文

(2)（事物）说明文

2. 说明文的特点

(1) 解说（事理）或（道理）

(2) 给读者提供（知识）

(3) 写作时，作者态度（客观），根据（事实）而写

3. 事理说明文的写作步骤

(1) 确定（道理）

(2) 进行（解释）

(3) 具体（证明）

(4)（总结）

4. 事理说明文常用的说明方法

(1) 引用；(2) 举例；(3) 比较；(4) 比喻；(5) 分类。

（二）根据第10课《谈网上交友》（此处略）（注明：香港现代教育版教材课文），回答以下问题。

1. 从内容来看，《谈网上交友》是哪一类的说明文？

2.《谈网上交友》最主要说明的是什么？是用什么方法来带出主题的？

3.《谈网上交友》运用了哪两种说明方法？

4.《谈网上交友》第四至第六段中，作者运用了点列式来组织内容，说明网上交友和一般交友的差异，作者运用了哪些过渡词令文章更有条理？

（三）文章赏析：阅读下文后，回答下列问题。

长寿的奥秘

人类的正常寿命究竟有多长？我国古代医书《黄帝内经》中指出，人类的正常寿命在一百岁以上。有人认为，一个动物的寿命相当于它的生长期五到七倍，如猫的生长期是一年半，寿命就是八到十年；牛的生长期是四年，寿命就是二十到三十年。人类的生长期大约需要二十到二十五年，寿命就可在一百岁到一百七十五岁左右。

然而，为什么多数人没有达到自然所赋予的长寿呢？其实，这和遗传、运动、营养等因素有关。

首先，遗传和长寿有着密切的关系。父母寿命长的，儿女往往能够长寿。据对逍遥村村民的年龄统计，男性平均寿命约一百零七岁，女性为一百一十二岁，女性平均寿命比男性多约五岁。

其次，经常运动，能够促进身体各组织和器官的生理功能，增强体质，提高健康水平。逍遥村十项全能运动员项尔斯一生坚持运动，到一百零二岁高龄时，他的心脏功能仍有青年时代那么强。

还有，营养是健康长寿不可缺少的因素。多吃天然食物，不偏食和食不过量，身体吸收均衡营养，人自然健康长寿。

此外，疾病、意外、环境污染都是健康长寿的大敌。要健康长寿，必须积极预防和治疗各种疾病，并且防范各种意外，更要保护环境。

总体来说，影响人类健康长寿的因素是多方面的，只要充分利用各种有利因素，并且努力避免有害的因素，人类延年益寿的理想是能够实现的。

1. 根据上文，完成以下问题：

（1）决定要说明的道理：人类长寿的________________。

（2）解释确定了的道理：有________________、________________、________________和其他因素。

（3）证明、解释道理的方法：用____________、____________和____________来证明。

2. 写出以下所用事理说明的方法：

（1）____________：古代医书《黄帝内经》。

（2）____________：猫、牛的寿命与人类的寿命。

（3）____________：十项全能运动员项尔斯。

3. 文章结构：根据上文，完成下表。

开头	上文用________（在文中圈出问题）带出说明的事理。
发展	再以________来组织篇章，逐一说明长寿的。为了令文章更有条理，作者运用了过渡词（在文中圈出过渡词）。
总结	最后，文章做了总结：长寿的因素多，人类要利用有利的因素，来回应要说明的事理。

（四）写作题目：按以下情境圈出题目的重要字眼，并回答以下各题。

情境：众所周知，适量的运动能保持身体健康，在众多的运动中，你最喜欢哪一项运动？该项运动有什么好处？

1. 审题：我们于写文章前，需先弄清下列五项问题：

(1) 上文属于哪类说明文？

(2) 文章要说明的道理（主题）是什么？

(3) 你会运用什么方法令文章更有条理？

2. 请在网上或者相关书籍报刊中收集你最喜欢的运动的好处，然后完成下表。

(1) 我最喜欢的运动是		
(2) 该项运动	好处	引用、比较、举例
生理方面		
心理方面		
其他		

3. 根据写作中心，拟定简明扼要的写作大纲。

开头（第一段）：	
发展（第　段至第　段）：	
总结（第　段）：	

（五）成文：根据自己上面的材料，写成一篇完整的文章。

（特别说明：仅为引用，未授权使用）

二、“工作纸”模式的一般特点

从上面的这个关于《运动的好处》的习作工作纸中，我们可以看出香港地区的小学对于习作的一些想法。

1. 从工作纸的学习重点可以看出：（1）学习运用点列式来组织篇章；

（2）学习运用分类说明来写作事理说明文；（3）学习先总说后分说的技巧；（4）认识说明文的种类及写作方法。从这四点已经可以清楚地让学生意识到这次习作的目的，让学生知道自己在这次习作中可以学习到什么，也让学生明确了这次习作可以运用什么方式来进行。这样的指向性是从学生的角度让他们对习作不再那么稀里糊涂、云山雾罩。

2. 对于每次习作的要求不再是比较笼统的，而是比较详尽的，注重习作方法的角度选择，比如，点列式、分类说明、先总说后分说，而我们的要求却比较注重习作内容的角度要求，比如，具体生动、400 字左右、真情实感等。

3. 对于学生每次习作的关注，将更多的精力或者篇幅放到了过程上，而非习作的成文上。从学生对此次习作的已知知识与概念出发，到此次习作新知的完整认识，到教材所选语言材料的再回顾（如对《论网上交友》的再问答），到对一篇规范的新选文的逐步了解与剖析，到学生对自己的习作的思路梳理，可谓面面俱到，处心积虑。但到了成文阶段，却只有一句话“根据自己上面的材料，写成一篇完整的文章”。

4. 对于习作要求与习作的成文，用“工作纸”作为嫁接与实现的桥梁，让整个习作难度的坡度逐步放缓，带来的好处是使教师明确了学生习作过程中出现问题的环节，让家长在辅导的过程中能够更直接地介入，更为有利的地方在于，让学生不再困扰于写什么与怎么写。

5. 对于习作训练的序列性，这张工作纸可以明晰地显示出与教材的紧密结合，也明晰地透露出了读写结合的教学理念。

当然，这样的“工作纸”模式也会带来这样的问题：习作的成文会不会比较公式化，会不会影响学生创作的自主性，会不会形成习作的“千人一面”，会不会让孩子的习作缺乏“灵动”，等等。但是对于习作初期或者某种体裁的习作来说，这样的基础练习也是必不可少的。

三、内地教学现场中对“工作纸”模式运用的示例

对于四年级的学生，内地与香港的教材同样都有对动物的认知与习作要求。如人教版四年级上册第四单元的“语文园地”中有这样的要求：

高傲的白鹅，性格古怪的猫，慈爱、尽职的母鸡……在作家笔下，一个个小动物栩栩如生。你一定也想说说自己喜欢的动物吧？那就来试试。先说说自己最想说什么动物；想说同一种动物的同学组成一组，分别说说

这种动物的特点。可以讲它的外形、脾气，也可以讲它怎样进食、怎样嬉戏、怎样休息等。然后各组推出代表在班上汇报。

在口语交际的基础上，写一写自己喜欢的动物，要具体地写出动物的特点，表达自己的真情实感。完成初稿后，写同一种动物的同学一起交流，学习彼此的长处，互相提出修改的意见，然后修改自己的习作。

这个习作要求，提出了习作的范围，也联系了教材课文的学习，找出了学生的最近发展区，对阅读教学进行了延伸与拓展，同时也指明了习作的具体侧重点：可以讲它的外形、脾气，也可以讲它怎样进食、怎样嬉戏、怎样休息等，也告知了孩子可以谋求的途径：小组合作。但不得不指出的是：

1. 习作要求很笼统。我们只是让学生"要具体地写出动物的特点，表达自己的真情实感"。

2. 注重从教师的教学角度来要求，我们可以看到，整个要求更像是一个教学过程，而不是一个习作过程。让学生先说后写，我们要推出代表在班上汇报，要写同一种动物的同学一起交流，学习彼此的长处，互相提出修改的意见，然后修改自己的习作。唯独缺乏的是对这次习作，要学习什么习作技巧，从这个单元的课文中我们可以迁移过来什么写作方法，我们只是提到"在作家的笔下，一个个小动物栩栩如生"。

3. 我们的习作要求看似与单元阅读的主题有关系、是一体化的，但实际上习作与阅读被割裂了开来，或者说是关联不大，抑或说是结合得没有那么紧密，仅仅是提到了"高傲的白鹅，性格古怪的猫，慈爱、尽职的母鸡"，这只能是一种简单的回顾，试看上面的《运动的好处》的习作步骤中，对于阅读所学知识与迁移延伸是颇费功夫的，甚至占据了工作纸的主要篇幅。

4. 从这个要求我们看到，我们希望孩子能够抓住动物的特点去写，我们列举的关于特点的词语分别是"高傲""性格古怪""慈爱""尽职"等，但具体到课文中到底是如何体现出这些特点，抑或什么样的语句可以体现出来，我们都忽略了。

因此，如果从课文到学生习作有一个自然而然的迁移拓展过程，就会顺理成章。我们不妨将香港的"工作纸"模式的部分内容运用到我们的习作教学中来，可以按照以下的样本进行设计。

习作工作纸

四年级　语文科　写作工作纸

配合写作：《我喜欢的小动物》

班别：

姓名：

（一）我们分别学习了《白鹅》《白公鹅》《猫》《母鸡》，试着根据课文的内容填充下表。（备注：可能有些动物的某些项目没有，可以不填。）

动物的各部位	白鹅	白公鹅	猫	母鸡
毛				
眼睛				
牙齿				
耳朵				
嘴巴				
尾巴				
四肢/鱼鳍				
爪子				
动作				
性格				

（二）下列各段分别运用什么方法描写动物？【A. 想象　B. 外形特征　C. 生活习性　D. 动态　E. 静态　F. 事例】（把英文字母写在横线上）

1. 小乌龟从来不挑食，有一次，我在它面前放了一块肉，它吓得立刻把头缩在壳里。后来，它见四周没有动静，才壮着胆子，伸出头对准肉块猛咬一口。______

2. 小花猫一边吃鱼，一边喵喵地叫着，好像在感谢主人，又好像为自己抓到老鼠而骄傲。______

3. 最精彩的要算争食场面了。当我把一小撮鱼食投入水中，六条小金鱼一改平时慢条斯理、温文尔雅的情态，一拥而上，反应之快，真叫人难以想象。有时候因转弯太急，身子几乎翻过来，即使这样，也不影响它们扑向鱼食。______

4. 小狗的身子是黑色的，四个爪子是白的。还有眼睛上有两撮白毛，看上去像有四只眼睛。它的耳朵很灵，只要听到一点儿的声音，就汪汪地

叫起来。一到夏天，它就伸着舌头喘着气，听妈妈说是为了散热呢。______

（三）请选出一种你最喜爱的宠物，然后把它的特征圈出来。

宠物的各部位	兔子	猫	狗	金鱼	鹦鹉	乌龟
毛	毛茸茸/纯白/雪白/闪闪发光	毛茸茸/蓬蓬松松/纯白/光滑/油亮	黑得发亮/白色/光滑/油亮	五彩缤纷/银灿灿/五色斑斓/乌黑	花纹/鲜艳/油亮/七彩缤纷/围巾	坚硬/甲壳/披上/盔甲/六角形
眼睛	灯泡/淡红色/水珠/红宝石	瞪着/橄榄形/圆溜溜	嵌着/凸出/盯着/圆圆	凸出/大水泡/盯着	配上/闪闪发光/珍珠	小小/亮晶晶
牙齿	合不拢	锐利/尖锐/锋利	锐利/尖锐/锋利	/	/	/
耳朵	竖起/又大又长/倒贴在头上	灵敏	灵敏	/	/	/
嘴巴	一动一动	人字形	/	/	小钩子	/
尾巴	竖起/摆动/小绒球/雪球	竖起/拖着/摆动/大葵伞/又粗又长	竖起/拖着/摆动/大葵伞/又粗又长	罗伞/丝绸/大葵伞/裙子	又细又长	/
四肢/鱼鳍	前肢短后肢长/强劲有力	肥壮/粗大	肥壮/粗大	荷叶/扇子/船桨	/	短又细/小爪子/船桨
爪子	/	软而厚的肉垫/梅花/铁钩似的爪子	/	/	/	头：三角形/细小
动作	一蹦一跳/蹲在	追逐/伸懒腰/蹭/乱蹦乱跳/摆动	蹲在/滚动/摆动/挨拢	摆动/追逐/吐出	拍动/飞翔	爬/游来游去
性格	善良/活泼可爱	顽皮/淘气/善解人意/傲慢	勇敢/忠心/机智/机警/威武	/	聪明伶俐/喜欢模仿说话	温顺

（四）根据你选的宠物，把它的外貌描写出来，描写时需加上比喻句。（备注：如果你喜欢的动物不是以上几种，也可以另选其他的动物。）

《我喜欢的小动物》——的外貌

这样来设计，我们将香港地区的“工作纸”模式的部分内容结合到我们的习作教学中来，放缓学生习作的坡度，建构阅读教学与习作教学之间的桥梁，或许会收到让我们意想不到的效果。（引文结束）

上面是当时发表的原文，也就是在四年级，我开始将“工作纸”模式的功能逐步放大，逐步与教学现场的实际结合起来，成为“阅读教室”的阅读课程不可缺少的有机组成部分。

实施建议>>>

阅读教室中的阅读课程，其实是与阅读素养课程融合在一起的。童书的内容已经成为教学资源的重要组成部分，这里专指单纯的阅读童书的课程，这样的课堂对于学生的影响是很大的。

一、注意自由阅读环节选择权的赋予

此处的选择权指的是，在自由阅读时，教师应尽可能降低推荐书籍的行为，尽可能让学生能够在教室里自由地选择自己想看的书，哪怕是漫画书。

二、教师的介入要尽量隐性、不着痕迹

对阅读教室里孩子的阅读，不是不加控制，而是将控制隐蔽起来，尽可能让自己的导向隐藏起来，采用多种方式引导孩子去阅读我们希望他们读的书。

三、童书的阅读必须与教材相结合

短时间的童书兴趣可以通过自由阅读达成，但是想让学生保持长久的兴趣，就需要与我们的教材学习相结合，只有这样，学生的兴趣才更具生命力。

四、每个阶段都要有让孩子感觉还有很多有挑战性的书籍

其实，孩子的阅读很容易平面化，或者说很容易在一个阶段停滞不前。适当地在每学期加入一些阅读起来有挑战的书籍是很好的做法。只有这样，才可以逐步提高学生的阅读水准，提升学生的阅读品位。

作为阅读教室，可能最大的特点就是书籍变多了，孩子们看书方便了。撇开任何其他方面的提升，单单说孩子的读书品位以及读书兴趣，也算是阅读教室最成功的地方了。

我可以坚定的一点是：将大量的时间用来让孩子阅读，不但没有影响学生的成绩，反而对他们的成绩有着较大幅度的提升。（这句话送给那些还在犹豫不决的你我他。）

第六章

攻克词语过关课程

有人说，阅读教室是革命性的，所以已经可以不顾及基础。

有人说，阅读教室对教材重组，一定会忽略原有的词语识记。

其实，阅读教室的词语过关课程是另一种形式，更讲究尊重孩子的兴趣与认知规律。

所谓的“词语过关课”，是因为阅读教室需要腾出大量的课堂教学时间进行有关阅读课程的教学，所以就将教材中要求孩子必须掌握的生字词单独拿出来进行集中过关。阅读教室的“词语过关”包含两个阶段：开学前的集中过关和每周一节的固定的“词语过关课”。阅读教室会在每学期开学初集中一到两周的时间完成整本教材的词语学习，而这里的词语专指每个单元中的“词语盘点”。

过关试卷主要以“读拼音，写汉字”的方式来呈现。在集中过关前，要学会先在“词语盘点”中标记序号，然后在课文中找到这个词语并将其标记成与“词语盘点”中的序号相应的序号。这个标记的过程，看似简单，其实很难。从认知心理学角度来看，它是一个复杂的识记的过程。在“词语盘点”中进行标记，是“识”的过程，而在课文中找到并标记，则是一个“记”的过程。有时我们可能会小看这个识记的过程，其实孩子们在标记、找寻的过程中，已经完成了我们希望通过多遍抄写而达成的识记的目标。而用“读拼音，写汉字”形式的试卷来过关，则是一个强化过程。学生想要顺利过关，就必须主动去识记，必须在标记的过程中更用心，这就是心理态势上的“主动识记”。四年级时，我们这样尝试了两个学期，所以期末时基本无需复习生字词了。

每周的词语过关课都根据儿童的记忆规律来设定，学期初集中过关是一种强化机械记忆，短时间内是可以记住词语的，但是到了期末一般很难记住，而且这也是违反科学规律的。因而，我每周都会设定一节固定的词语过关课，按计划每次过一下两个单元的生字词，一个月四节课，可以将整册书做一个循环，一学期大概可以做三次大的循环，目的无非是帮助孩子唤醒记忆，并再次强化记忆。

遗憾的是，四年级开始运用这种方法的时候，却让我感到了严重的挫败感，这届学生无法在一节课内完成两个单元的过关测试，而且也不愿意在一周时间内完成整册书的词语过关。因此在四年级的上学期，也就是阅读教室进行的初期，这些都是逐步实施的，以下是当时的教学日志。

阅读教室　第4天

第二课时，开始接触课本，主要是对第一单元的“词语盘点”中的字词进行标记，然后在课文中找到这些词语，大部分的学生能够清楚自己的任务，个别孩子会觉得很枯燥，其实这也是正常现象。

阅读教室　第6天

今天是进行第一单元的“词语盘点”与日积月累的过关测试，因为了解了上周孩子们的表现，我将难度降低了一些，一节课过关一个单元，这比起以前的30分钟过关两个单元来说，难度已经下降了很多！所幸孩子们的表现尚可，大多数孩子已然能够写完，而且有三个孩子可以做到全对！

阅读教室　第7天

今天进行第二单元的过关测试，测试前，我检查了昨天回家后学生的过关情况，除了个别比较特殊的孩子外，他们基本上都很好地完成了在家的补过关任务。第二单元的过关情况比起昨天的第一单元来说，孩子们的表现有了进步，已经有五个孩子可以全对过关。说实在的，要做到全对过关，不是很容易的。下午的第一节课，跟孩子们重新回顾了对日常行为习惯的要求，更主要的是让孩子们一起初步反思了单元生字词不过关的原因，孩子们还不太会总结，只是说要认真复习，认真检查，其实这是我们的习惯定式：喜欢笼统总结。没有关系，我会慢慢来引导孩子注意生字词的具体细节。

从当时的教学日志看，还有很多的无奈与不甘心。当然这也是正常的，孩子们适应一种新的方式是需要时间与耐心的，而到了四年级下学期，却完全是另外一种情况了。

阅读教室　第 86 天

出于延续的需要，这学期的教学日志会在上学期的基础上继续。今天是开学的第一天，孩子们给了我很大的惊喜：没有人迟到，教室里也没有嘈杂声，我终于可以不用话筒，可以心平气和地跟他们沟通了。开学前，我就一直很纠结，开学后我到底给孩子们呈现一张什么面孔，是笑脸？还是严肃的脸？也许今天我就不必纠结了。孩子们的表现让我所有的担心都不再存在，孩子们的习惯养成没有出现回潮的现象，某种程度上比上个学期都要好。是因为长大了一岁？还是因为孩子们对教室，对老师的要求不再陌生？抑或还是刚开学的原因？不管如何，孩子们今天的状态与表现，让我惊喜，让我欣慰。安静，学会安静，学会倾听，是我一直想要看到的状态，目前看来，孩子们正在适应这种安静。今天课堂的内容是对“一、二单元的生字词进行标记”，因为这样的安排对于孩子来说已经不陌生，所以他们很快就进入了标记的状态。

对于字词的标记，上学期我就改变了计划，对整个单元进行标记与过关，让整个学期的时间安排非常紧张，所以寒假时，我就将任务前置，让学生提前在家自己过关。即便如此，标记也不是可以轻易完成的，遵循“识”“记”这样一个心路历程其实还是有难度的，还要建立在对课文的熟知基础上。欣喜的是，有三个孩子昨天晚上已经将这项任务完成了，且更多孩子标记的速度有了大幅度的提高，以前 40 分钟下来只能标记一个单元，如今 30 分钟就可以标记两个单元，还有 10 分钟左右的时间可以进行自我复习，这些都让我惊喜，消除了我心中所有的担心。委托班级家委会印制的“我的学习日志”表下午送到了班级里，从这个学期开始，为了强化孩子的学习意识，我将日记改为“学科日记”，也就是“我的学习日志”，孩子们每天要完成一张日志记录。记录的内容不仅包括语文课，也包括这一天中的每一节课。在此要真诚地感谢家委会的义工妈妈们。

阅读教室　第 87 天

今天开始一至二单元的过关，这是一次尝试，主要尝试的不是这种过关方式，而是两个单元是否能用一节课来完成，这是针对上个学期一节课学习一个单元的状况来设置的。从刚刚结束的这节课来看，每个学生的情况差别很大，一部分孩子甚至可以提前10至15分钟完成，但也有为数不少的孩子一个单元的过关都无法完成。不过还有一个不错的现象，在过关课课间，绝大多数的孩子都在自主复习，这也是之前没有的情况，从另一个侧面可以看出来，过关——孩子们还是很重视的。其实过关的正确率有多高，我不是特别在意，我想通过这种方式探索一下，在字词掌握方面孩子们的问题到底在哪里？其实过关试卷已能说明一些问题。

下午孩子们要汇报自己的过关情况，对此我心里都没底，到底会是怎样的情况呢？汇报结果如下：全对的学生有7个，错1～5个字的有12个，错6～9个字的有6个，错10～19个字的有6个，错20～29个字的有1个，错30～49个字的有4个，错50～99个字的有16个。这个结果跟我的预期是一样的，对此我应该感到欣慰，在没有任何讲解的情况下，能够有这样的结果，我可以接受，这已经大大超过上学期学生最好的过关状态了。也许从这两天的学习状况来看，我可以感受到孩子们的进步，也许还有这样那样的小毛病，但是趋势是积极向上的。只是，我始终认为，过关只是一个教学环节，并不能代表什么，它只是识记的一个小环节。最重要的还是要分析学生不过关的原因，但我想将这个工作放到第三、第四单元过关后用两节课来完成，一方面可以调整孩子的紧张状态，另一方面要给学生以个性化的记忆方式的指导。下午还安排了第一次关于“学习日志”的书写整理，孩子们还不太适应这种方式，有的孩子的“学习日志”还是空白的，还不能及时地与课堂进度衔接，看来还需要一步步的指导。

阅读教室　第88天

今天在家长群里，各位家长都反映孩子标记生字词的速度有点慢，其实这很正常。因为标记其实就是“识记”，看似是在简单地标记，其实里面包含了先认识、再记忆，继而寻找的过程，还要求必须对课文很熟悉，要想找到相应的词语，还得把课文读熟了，所以，标记看似简单，其实不简单。家长也想了很多办法来帮助孩子，例如，可以先让孩子读一读，有的家长也让孩子根据课文内容猜，看哪些词可能属于某个章节，因此，每个孩子都有一套自己的快速标记并找到生字词的方式。个人觉得这些方式没有谁优谁劣，这才是真正的学习，至于到底花了多少时间则显得不那么重要了。所以我时常跟孩子们说，过关只是一种形式，在体验生字词的过关后，我们收获的东西远远比识记的生字词本身要多得多。

今天我们继续识记第三、第四单元的生字词，结果出来后，我感觉到了孩子们的进步，比起前两个单元，有了新的起色，虽然全对的只有 6 个孩子，但是错 1～5 个的有 19 个，而错得比较多的孩子，已经下降到了 9 个。还要给学生一些时间，花心思让孩子们总结前四个单元过关与不过关的原因。今天的第三节课，在抽签产生新的班干部后，我让孩子们打开“学习日志”，在“我的想法”一栏里，认真分析总结自己过关或不过关的原因，为明天全班同学一起总结生字词的识记方法做准备。从开学到现在，我一直感到欣慰的是：孩子们学会倾听了，学会专注了，教室变得安静了。安静——一直以来我追求的教室的状态，这种安静不是硬性的让孩子坐在那里，而是给予孩子空间，让他们做自己该做的事情，养成会倾听的习惯，能够自主学习，所幸，现在已初见成效。

阅读教室　第 89 天

今天的语文课，按计划就是进行有关“过关方法的梳理”。首先让孩子们在小组内进行交流，交流的基础在于昨天的“学习日志”中的“我的想法”，从而引导孩子们将同学总结的经验教训填写到今天的“学习日志”中的“同学”一栏。讨论交流时，继续沿用上学期采取的方式：组长需要站起来组织，小组内只能有一个声音，其他同学要动笔记录其他同学的经验教训，目的在于培养孩子们讨论交流的习惯。小组交流完毕后，孩子们要整理自己的所得，同时，小组选一名同学到讲台来汇报小组总结的过关方法，这时的要求也随之有了变化，即要求孩子们用耳朵听，用笔来记，记录的内容放在“学习日志”中的“我的想法”一栏。十个小组十个孩子的汇报，让学生又有了新的收获。最后，我让孩子们综合小组同学以及班级里其他十位同学的汇报，形成自己的想法。很多孩子在自己的收获中写到：我是粗心所致、我是复习不够所致、我是不重视所致等。课堂结尾时，我也帮着孩子们梳理：“从同学们的经验教训中看，有没有说哪个字哪个词是我们无法记住的？”孩子们说没有，我接着启发孩子们梳理：“看来，问题不在于字词的难与易，而在于我们自己的方式是否合适，面对下面四个单元的字词过关，相信你们会找到办法的。”或许这样的课程安排未必能够真的改变孩了们对于字词过关的习惯，也未必能够提高孩子们过关的准确率，但我觉得这样的梳理过程对于孩子掌握生字词的心路历程是有好处的。上学期，我花了很大的精力与时间培养孩子倾听与专注的习惯，这学期我就想把精力放到如何梳理上，如果孩子们不能在一个学习环节结束后，养成良好的梳理习惯，没有在一天内对自己的学习历程进行一次回顾，那么，知识与技能都会逐渐被遗忘。也许有人会有顾虑，担心这样的“学习日志”是否会增加孩子们的学习负担。然而，我设计学习日志的初衷——养成梳理的习惯，如果成为习惯，如果在孩子们学习结束后，我们将它转变为或文字或头脑中的静思，必然会让孩子终生受益。从目前每天完成表格的状况来看，孩子们在每节课结束后，随性地记两笔，回到家后，随意地写上一段“我的想法”，并没有让我觉得他们有多大的负担，也没有造成他们的厌烦，关键是如何提升质量。下午的语文课，我让孩子们为第五、第六单元的生字词做标记，教室里出奇得安静。也许我不能再说这种安静让我意外，因为安静已经逐步成为班级的常态，我也特地询问了其他科的老师，大家都感到孩子们越来越安静，懂得在安静中学习，懂得该做什么事情了。这种安静，让我欣慰。

阅读教室　第90天

今天继续进行第五、第六单元生字词的过关，这个单元过关的字词量比较大，同时加入了比较多的古诗默写，我一直比较担心孩子们过关的准确性，这也是我昨天之所以要停下来让孩子们反思过关的经验教训的一个目的所在。但确实这两个单元的难度比较大，今天就有18个孩子的错误率比较高，也有两个孩子已经不能跟上进度，只能申请抄写。我也在想，从上学期的一节课一个单元到这学期的一节课两个单元，量增加了两倍，对孩子来讲挑战确实很大。不过欣喜的是还有5个孩子全对，有9个孩子只错了1到5个。这表明已经出现了两极分化的情况，如果仅以同样进度同样的方式进行，就会让一部分孩子失去对掌握字词的兴趣。看来，在方式和标准的把握上要有所区别，不能一视同仁。从今天的学习状况来看，不能说孩子们没有尽力，没有认真对待，但在有些方面孩子之间确实存在很大差距。况且现在的过关方式也只是初感知，以后每周还有过关课，所以今天的过关课结束后，我在考虑是否可以根据学生的不同情况制订不同的过关标准呢？是否可以让每个孩子都找到自己的努力方向？当然，我也不会忽略让孩子在过关后去反思和梳理，在今天的学习日志中的“我的想法”一栏，我就让孩子们比较昨天总结的经验教训，看看自己哪些方面有进步了，哪些缺点还没有克服。其实，过关的一个重要的跟进手段就在这里。希望通过将来的调整，能够让这种识记变得更扎实。

阅读教室　第91天

按照原计划，今天的两节课本来要进行第七、第八两个单元词语的盘点以及日积月累的过关测试。但是考虑到孩子们的进度差异，同时也避免学习成果的两极分化，我决定今天的课堂主要是给孩子以心理的激励，并引导其对方法进行梳理。课堂上，我把孩子们最近的过关表现一一说给他们听，我把总结出来的问题告诉他们，让他们自己分析。我想让孩子们反思：“这些字词我们真的没有办法记住吗？如果老师给我们时间，我们能够怎么去记住呢?”孩子们反应很激烈，纷纷说出了自己的办法，有的孩子说，要首先将自己不会的难字挑出来，多练练；有的孩子说，要注意一些字的偏旁部首；有的孩子说，复习的时候不能光看不写，多写写一定能够记住等。这些方法给了其他孩子很大的启发，所以在第二节课，我把时间都留给了孩子们，让他们试着按照自己的方法或者借鉴其他同学的方法来复习第七、八单元的生字词。从课堂表现来看，他们开始运用一些对自己行之有效的方法来复习，至于效果如何只能明天知晓了。

对于“学习日志”，孩子们也逐步开始适应了，这些天，我总能看到孩子们在下课后及时地记录与总结。我一直想把“学习日志”作为强化孩子们学习概念的方式，也将它作为孩子每日学习和梳理的方式。目前来看，孩子们已经能够初步达到要求，或许写得还不是很具体，但关键是习惯。按照计划，昨天晚上的作业是标记第七、八单元的“词语盘点”，但是昨天标记时出现一个让我始料未及的事情：“词语盘点”中出现的“容许”一词在课文中竟然没有。我从家长群知道这件事情后，还以为是由于孩子粗心没有发现。今天早上我再次认真、反复地阅读第七单元的课文，找遍了所有的文字，也没有发现“容许”这个词。于是我又想，这个词出现在“词语盘点”的“读读写写”一栏中，教材编写者纳入这个词的目的到底何在呢？我翻开教材说明，上面对“读读写写”是这样定义的：“读读写写”是由精读课文中会读会写的词语组成的；“读读记记”是由精读和略读课文中要求认识的词语组成的。如果按照这个定义，课文中一定是可以找到的，但是为什么找不到呢？后来家长群的家长提示说，会不会在老教材中有呢？我没有找到原版的老教材，我想这种可能性应该是存在的。只是，对于一个国家级的统编教材，一个经过若干审核程序的教材来讲，出现这样的问题，确实不太严谨。

阅读教室　第92天

今天上午进行第七、第八单元的“词语盘点”与日积月累的过关。有了昨天对方法的总结与复习时间的准备，今天课堂上的过关整体比较顺利，80%的孩子都可以提前写完，只有极少数不太熟练的孩子不能写完。从一个完整的过程来看，或许我的要求有些过急，如果将整个过关的过程放缓一些，或者将过关过程拆分开，会不会更好？也许我是想尝试到底是否具有在某个时间段集中过关的可能性。从开学到现在，用了整整七天的时间，孩子们经历了这样的一个过程，结果如何并不重要，对于老师、孩子以及家长来说，这都是一种经历，或许可以让我们在教学行为上都发生一些改变。下午的结果公布后，让我有了些许欣慰，今天孩子们的进步显而易见。这让我开始反思：是不是我过于在乎过关时间的长短？是不是我没有考虑到孩子们的实际情况？所幸，这个过程终于告一段落了，下面要考虑的是每周的过关课以及对课程的安排。内心有些紧张与纠结，看看这七天的过关经历，我在担心是不是密度太大；家长在纠结，在担心每天如何陪孩子识记；唯独斗志昂扬的孩子们，一次不过关，两次，两次不行，三次。今天一个孩子得知自己全对全过关的时候，抑制不住内心的喜悦，迫不及待地就给妈妈打了电话。也许挑战成功的幸福和快乐是最真实的。

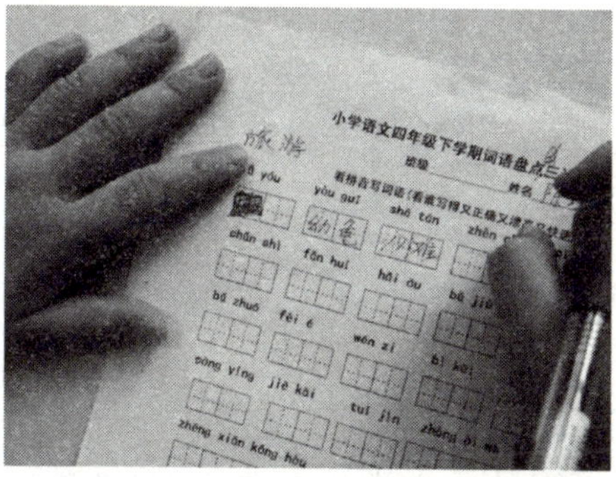

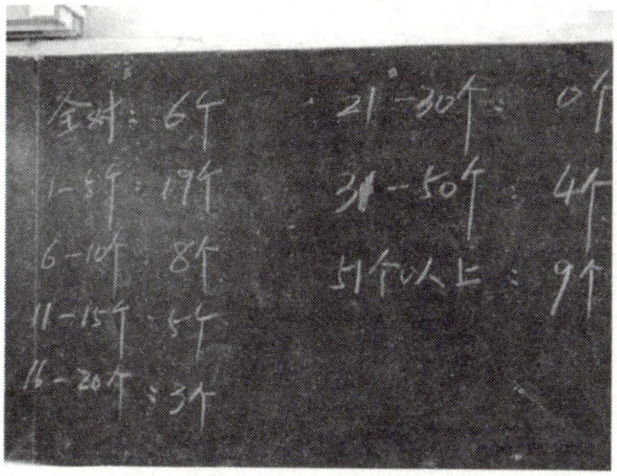

对比看来，完全是两种不同的状态，由此看来，所有的课程，所有的改变都需要更多的耐心与等待。

实施建议>>>

阅读教室的词语过关课程是非常重要的一项介入办法。它改变了传统的抄写生字词的方式，也改变了传统的、单一的听写方式。

一、教师需要做精心的过关前的准备

阅读教室的过关采用试卷的方式，将教材中每个单元后的“词语盘点”进行“读拼音，写汉字”化。这个准备工作的工作量非常大，即便是网络上可以下载，也需要一个一个进行修正。教师之所以要进行这样的准备工作，是因为这样的试卷可以反复使用，也可以通过多种途径发给家长，供家长在家使用。

二、要严格注意操作的步骤

词语过关课程，必须要注重步骤，也必须要先让孩子标号和标记，通过这个过程，再进行课堂的集中过关，要杜绝“为过关而过关”的死记硬背。

三、要注意“集中过关课”与“常规过关课”的课型设置

阅读教室的词语过关课程包括两种课型，教师在日常安排课程时要特别注意开学第一周的“集中过关课”和之后每周的“常规过关课”。要将“常规过关课”固定化，确定在一周中的某一节课内，以保证学生学习的系统性。

四、要特别注意字词过关后的梳理环节

每次过关后的梳理，主要是帮助孩子们进行总结，这也是作为课程的“词语盘点”过关的特殊之处。

对于阅读教室的词语过关课程，最大的不适应者不是学生，而是家长。突然一下子没有了词语抄写的作业，家长总是担心孩子的词语在考试中不能过关。但经过四年级两个学期的尝试，家长开始逐步接受这种相对省力而有效的方式，因此，阅读教室要介入这样的课程，在很大的程度上要做好家长的工作。当然，在具体实施的过程中也出现了一些很奇怪的现象：有的孩子无论怎样通过各种措施介入，也总是不能全对过关。至今这个难题还萦绕在阅读教室，一直无解。

结　语

对于"阅读教室"，我想说——

从"阅读教室"产生那天开始，我平静的教学生活就被打破了：寒暑假要做好统整计划和"工作纸"；要大量阅读童书，以便介入课程体系；要利用各种方法，通过各种途径了解孩子的需求；每天都要在教学之余，整理教学反思和课堂上拍的照片……似乎一下子多了很多事情。有时候自己照照镜子，发现两鬓也已斑白。但这两年，我始终处于幸福的状态中，因为兑现了对自己的诺言：作为一名老师，最大的幸福莫过于拥有一间自己喜欢的教室。

一位家长在她的博客里这样写到：

可是，习惯的养成难道就是"阅读教室"的关注重点么？我不解，但是，我仍然一丝不苟地配合着老师的所有教学要求：词语、句子、绘本阅读、读后感、编故事……

慢慢地，慢慢地，看着李老师的教学日志，对照着观察儿子的作业、表现、进步、回潮，在他身上，出现了点点滴滴的变化：明令禁止我不准动他的书包，可偷偷看去，书包收拾得越来越整齐；早上不需要我再三催促起床，他怕迟到，因为这样会给班级扣分；字词如果没过关，回家会第一时间更正，并且会以最快的速度发信息告知老师，因为不能辜负老师的信任；中午放学后，会主动留下清洁教室，因为如果老师发现教室脏乱，全班同学都会失去尽情看书的机会；每天早早背着书包到校守着等开门，因为他想第一个到教室去看那一排排的书。他说，最喜欢"我家的老李"，儿子口中的"老李"，已经成了他最崇拜的人，上语文课是一件最快乐的事情。

……

李老师给孩子布置了一次小组作业：周末合作完成一张工作纸"画出

你心目中的安拿生，并说出你对安拿生的看法”。

当我准备拿起电话跟小组家长统一时间时，儿子告诉我，他们自己已经约好时间，只需我为他们提供场地。将信将疑中，我腾出单位的一间小会议室。第二天，孩子们和家长准时到齐，儿子向在场的家长们说：“这是我们小孩自己的事，请你们大人回避。”家长们万般无奈下只好偷偷躲在窗户外的角落观察。

孩子们围成一圈，小组长给每人发了一份资料，大家静静地阅读起来，鸦雀无声，全神贯注！接着组长组织同伴轮流发言，竟然没有任何插话、打断别人发言的行为。然后一个孩子拿起笔，在纸上画了起来，其余孩子也都陆续在纸上涂涂画画。大约半个小时后，孩子们又开始轮流在纸上的空白位置写上文字。两个小时过去了，孩子们始终围绕着主题完成自己的任务，没有任何一丝游离。作为家长，从开始的惊奇、惊喜，到最后激动起来，很显然，他们之间默契而自然的讨论是多次练习的结果。出乎意料！出乎意料！完全没有想到他们可以在没有父母的帮助下完成这项需要合作的任务。我几乎要脱口而出：原来他们可以！

一个孩子在她的文章中这样写到：

现在大部分小学生的教室用的是方方正正的桌子，学生两人一桌排排坐，书包放在身边，显得有点严肃和拥挤。我在一到三年级时也是在这种教室读书。但现在，不仅是我们的教室布置与以前不同了，而且学习方式也与以前的老师在台上讲、学生在台下听大不一样了。

我们教室的设施是独一无二的。教室前方是讲台和电教设备，两边是班级图书角和电子阅读区，后面是三层的书包架和展示区，中间是十组六边形课桌，有人叫它“阅读教室”。

图书角里有多家出版社捐给我们班和我们自己捐到班上的各种各样的书籍，有科普书、绘本、小说等几千本，我们最喜欢利用早读和下午的课前时间看书了，即使以前疯狂打闹的同学也喜欢静静地阅读。每周语文课李老师也会腾出一节课让我们自由阅读。《什么是什么》系列、沈石溪系列动物小说和各种绘本深受我们喜爱。我们还有漂亮的电子阅览区，那儿有6台电脑，电脑里存着应有尽有的小说和有趣的绘本，让我们体验到了电子阅读的乐趣。

我们用的书桌是六角形小桌，六张小桌围起来呈圆形大桌子，并组成一组学习小组。大桌子中间放上小篮子，里面有黑、蓝两种墨水、双面胶、裁纸刀和卷纸等用品。如果学习用品用完了要由组员来捐，所以我们都很珍惜。我们班有十个学习小组，我们语文学习主要以小组讨论为主，组员们互相交流、相互点评作文，小组之间相互竞赛，这培养了我们的团队精神，锻炼了我们的口才和胆量，也跟同学们学到了许多知识和经验。我们还有李老师设计的学习日志和工作纸，学习日志用来记录今天学到了什么，由从书籍那儿学到的、从同学那儿学到的、从老师那儿学到的和我的想法等四部分组成，这是我们与学习之间的交流。工作纸是学习课文和单元专题学习的好帮手，每一次习作，老师都会让我们按工作纸的要求先写一篇草稿，再经过对比课文、工作纸引导和小组讨论，然后反复修改，最终变成一篇好文章。

我们教室经常有人来参观、听课，其他班级的同学很羡慕我们有与众不同的教室和学习方式，我们也非常自豪。

“上语文课是一件最快乐的事情”，就这一句，足以让我欣慰，如果可以，我愿意余下的教学生涯也继续做一名普通的语文老师，愿意做一位拥有自己喜欢的教室的老师！

李祖文

江苏凤凰教育出版社
《行知工程》系列丛书目录

系列	序号	书　　名	主编	定价
创新教学探索系列	1	《神奇的阅读教室——带学生踏上美妙的阅读之旅》	李祖文	30.00
	2	《打造有生命力的课堂——“两步八环节”教学模式探索与实践》	查联智	30.00
	3	《最能培养学生探究能力的课堂——小学科学与信息技术单元整体课程实施与评价》	李怀源	30.00
	4	《最能激发学生运动天赋的课堂——小学体育单元整体课程实施与评价》	李怀源	30.00
	5	《最能提升学生艺术素养的课堂——小学艺术单元整体课程实施与评价》	李怀源	30.00
	6	《“生命语文”探索——焕发语文生命力的思考与实践》	王自成	30.00
	7	《粘连作文教学：让习作成为有个性的自我建构》	黄瑞夷	30.00
	8	《备学式教学——在体验中建构数学思维》	单广红　范雪梅	30.00
	9	《向着自主进发——自主教育的创新实施智慧》	朱亚红	30.00
	10	《写中学——让学习更有效的学科写作教学》	钟传祎	30.00
	11	《小学科学实验总动员——大科学课堂有效提升学生创新力》	江美华	30.00
	12	《小学语文单元整体课程实施与评价》	李怀源	30.00
	13	《小学英语单元整体课程实施与评价》	李怀源	30.00
	14	《小学数学单元整体课程实施与评价》	李怀源	30.00
班级文化系列	15	《活力班级的文化建设》	胡　珏	30.00
	16	《做幸福的班主任》	吕　丽	26.00
教师修炼系列	17	《教育，爱与宽容——教师心灵礼仪修炼》	许力争	30.00
教育家核心思想系列	18	《叶圣陶谈阅读》	叶圣陶 著 李怀源 选编	30.00
	19	《多元智能理论的本土化应用》	刘治富	30.00
	20	《大教育家最具施教力的教学思想》	白刚勋	30.00
新课程探索系列	21	《语文新课程的批判与重建》	葛桂斌	30.00

系列	序号	书　　名	主编	定价
高效能教学系列	22	《高效能教师的10个好习惯（中学卷）》	张　瑾	30.00
	23	《让作文落地生根——提高写作实效的教学策略》	黄桂林	30.00
	24	《高效能作文教学5项修炼》	陈步华	30.00
	25	《高效能校长的10个好习惯》	张　勤	30.00
	26	《高效能教师的10个好习惯（小学卷）》	谢　英	30.00
	27	《高效能语文教学5项修炼》	王其华	30.00
校本研修系列	28	《校本研修资源的开发与利用》	陈朝林	30.00
	29	《卓越教师经典研修成长策略》	刘天宝等	30.00
	30	《校本研修与教师专业成长》	吴积军	30.00
	31	《特色校本课程开发范例解读》	刘永平　李秀伟 张雪梅	30.00
	32	《高效校本研修模型构建艺术》	刘素雁	30.00
	33	《走向实践的教研——中小学教育科研引领与应用》	江　敏	30.00
教育管理力系列	34	《让普通学校崛起的20个细节 ——“生命为本”教育团队成长密码》	李其玉	30.00
	35	《“走”出教育的精彩：走动式学校管理文化构建》	罗　军	30.00
	36	《校长兵法：学校管理四十六计》	皮大鹏	30.00
美国名师教学译丛	37	《美国名师游戏教学本土化应用：幼儿园》	（美）玛西娅 L. 泰特 著 胡珍　瞿菁　编译	30.00
	38	《美国名师游戏教学本土化应用：小学英语》	（美）玛西娅 L. 泰特 著 杨永华　张心影　编译	30.00
	39	《美国名师游戏教学本土化应用：小学数学》	（美）玛西娅 L. 泰特 著 谢艳红　编译	30.00
	40	《美国名师游戏教学本土化应用：小学科学》	（美）玛西娅 L. 泰特 著 刘丽萍　编译	30.00
	41	《美国名师游戏教学本土化应用：小学社会》	（美）玛西娅 L. 泰特 著 姜梅芳　编译	30.00
	42	《美国名师游戏教学本土化应用：小学音体美》	（美）玛西娅 L. 泰特 著 尹立志　编译	30.00
鲁派名师名校·教育探索者系列	43	《悦读立人——校园阅读文化体系构建策略》	杨世臣	30.00
	44	《教育智慧何处来——一位特级教师的思考手记》	付立金	30.00
	45	《和雅文化——校本课程的创新构建》	汤善香	30.00
	46	《让个性绽放精彩——学校课程体系整合与创生》	谢建伟　徐淑萍	30.00
	47	《让每个学生都幸福——最能润泽生命的学校文化建设》	谢建伟　张新喜	30.00

系列	序号	书　　名	主编	定价
生态化校园系列	48	《点燃学习的激情——构建校园生态化学习型组织》	杨树岳	30.00
	49	《课改突围——构建学校生态化教学体系》	杨树岳	30.00
教育新思考系列	50	《语文教育向何处去》	王　从	26.00
	51	《教育，就是做好普通的事》	孙志毅	27.00
	52	《走出语文的偏见——让学生体悟文本的原义》	丛智芳	30.00
	53	《让语文教学更高效——批注式阅读教学探索》	韩中凌	30.00
	54	《读写互促——探寻学以致用的语文教学》	曹　龙	30.00
	55	《跳出数学教数学——用文化融通数学教学》	马建秀	27.00
名师感悟系列	56	《让心灵伴着歌声成长——22 位音乐名师的教育智慧》	陈　璞	30.00
	57	《超越自我的教师——32 位名师的成长感悟》	李卫东　李秀伟	35.00
	58	《心灵的守护者——19 位名班主任的教育智慧》	王晓松　曲文弘	30.00
	69	《名师感悟班主任有效工作艺术 90 例》	符礼科	30.00
	60	《名师感悟有效教学 90 例》	林高明　徐玉烟	30.00
信息化教学系列	61	《巧用白板教语文——信息技术与语文教学操作指南》	蒋丽清	30.00
	62	《跨越式实现高效课堂 ——信息技术与课程整合高效教学方案评析》	陈　玲　刘　禹	30.00
教师必读系列	63	《教师必学的 16 堂修养课》	武宏伟	30.00
	64	《教师不可不知的教学心理效应》	叶勇军	30.00
	65	《班主任不可不知的管理效应》	奚一琴	30.00
	66	《教师不可不知的教育心理效应》	孙　媛	30.00
	67	《校长不可不知的管理效应》	谢申刚　张金豹	30.00
	68	《成为好教师的 7 项修炼》	王福强　李维华	30.00
	69	《如何让学生会学习》	龙　冰	30.00
	70	《如何让学生爱学习》	周震宇　许小燕	30.00
核心教学主张系列	71	《新生代语文名师核心教学主张》	许友兰	30.00
学生心理解码系列	72	《孩子问题行为一点通 ——只有好老师才知道的学生心理谜底》	严育洪	30.00

系列	序号	书　　名	主编	定价
教育求索系列	73	《思政教学的人文力量》	戴晓华	30.00
	74	《师道新说——给教育者的30条箴言》	徐　卫	30.00
行思讲坛系列	75	《灵动而朴素地教语文——潘文彬的微格教育生活》	潘文彬	30.00
	76	《师爱无疆——润泽学生心灵的教育故事》	侯忠彦	30.00
	77	《怎样反思更有效——促进教师专业发展的反思策略》	诸贝贝	30.00
	78	《成为高度自觉的教育者——写给后课标时代的数学教师》	许卫兵	30.00
	79	《哲思数学课》	刘全祥	30.00
	80	《把学生教聪明》	严育洪	30.00
	81	《教师最应该规避的教育误区》	杨坤道	30.00
	82	《用语文的方式教语文——潘文彬教学主张与实践智慧》	潘文彬	30.00
	83	《怎样让阅读教学更有效 ——提升教学能力的十种读诵模式》	汪秀梅	28.00
	84	《让生命在润泽中起舞——当代小学生最需要的主题班会》	吴联星　罗　琳 冯卫东	30.00
	85	《让生命欢快拔节——当代中学生最需要的主题班会》	冯卫东　吴联星	30.00
	86	《课堂因生成而精彩——高效教学的生成智慧》	张文质	30.00
	87	《回到每一个人的生命化教育 ——张文质二甲中学教育行动录》	张文质	30.00
	88	《智慧数学课——黄爱华教学思维的实践策略》	黄爱华	30.00
中国教育变革之路丛书	89	《百年树人师何为——教师队伍建设困顿与出路》	将丽珠　李玉向	30.00
	90	《入园何时不再难——学前教育困惑与抉择》	曾晓东 范　昕　周　慧	30.00
	91	《三尺书桌何处寻——流动人口子女教育困难与破解》	范先佐	30.00
	92	《苦旅何以得纾解——高考改革困境与突破》	郑若玲	30.00
	93	《择校纠结何时了——择校问题困局与治理》	曾晓东　周文海 曾娅琴	30.00
创新教学思想系列	94	《“大问题”教学的形与神》	黄爱华　张文质	30.00
校长领导力系列	95	《高品质学校生长要素》	王益民	30.00
	96	《校长高校教学领导力提升策略》	徐世贵　郭文哿	30.00
教育漫笔系列	97	《课堂，诗意地栖居》	吴书华	30.00

系列	序号	书　　名	主编	定价
新思维系列	98	《教育中的“不一定”——打破教育的19种思维惯式》	严育洪	30.00
教学提升系列	99	《有思想地教阅读——让学生学会品读文字真意》	王学东	30.00
教育艺术提升系列	100	《藏在师生体态语言里的教学智慧》	张　宇　廖生波	30.00
教学全手册系列	101	《小学习作教学全手册》	郭家海	30.00
	102	《中学写作教学全手册》	郭家海	30.00
	103	《情境教学操作全手册》	冯卫东	35.00
	104	《合作教学操作全手册》	李春华	35.00
	105	《探究教学操作全手册》	周新桂	35.00
	106	《自主教学操作全手册》	诸葛彪	35.00
	107	《创新教学操作全手册》	王　玮	35.00
	108	《班主任工作全手册》	刘沛华	35.00
	109	《新教师工作全手册》	周震宇	35.00
	110	《学生心理健康教育全手册》	刘海莉　刘春杰	35.00
	111	《高效教学操作全手册》	马友平	35.00
教育思想者系列	112	《教育，一切从孩子出发》	黄　俭	30.00
创新人才培养系列	113	《创新人才培养校园科普精品课程开发与指导——人大附中创新人才培养》	罗　滨	30.00
	114	《创新人才培养特色校本课程开发与创新人才培养——清华附中“国际安全下的科学技术”课程构建与实施》	王殿军　方　研　赵宏雁	30.00
	115	《创新人才培养：学校实验室建设与管理》	刘克文　杨发丽　杨　平	30.00
	116	《创新人才培养：数学探究活动开发与指导》	马云朋　韩继伟	30.00
	117	《创新人才培养：化学研究活动开发与指导》	王　磊	30.00
	118	《创新人才培养：物理探究活动开发与指导》	廖伯琴	30.00
	119	《创新人才培养：地理探究活动开发与指导》	张建珍　陈　澄	30.00
	120	《创新人才培养：生物探究活动开发与指导》	张迎春	30.00
	121	《创新人才培养：理念探索与思维突破》	王晶莹	30.00

系列	序号	书　名	主编	定价
新生代通派名师系列	122	《简约数学教学》	许卫兵	30.00
	123	《语文教学的本真——情意课堂展现母语之美》	吴建英	30.00
	124	《语文课堂的理想追求——欢快达成三维目标》	董一红	30.00
	125	《阅读教学的真髓——意象构建读出文学的真美》	祝　禧	30.00
	126	《美术教育的真谛——审美人生教育让生命绚丽成长》	陈铁梅	30.00
	127	《语文教学的理想境界——无痕教学润泽生命》	李　凤	30.00
	128	《儿童作文的本义——嬉乐作文让儿童乐并成长着》	王笑梅	30.00
	129	《名师是怎样炼成的》	王建明　王笑君	35.00
幼师成长系列	130	《幼儿行为背后——教师如何读懂幼儿的心思》	吴亚英	30.00
	131	《最具教育力的22种幼儿教育思想》	杨　达	30.00
	132	《幼儿教师必知的安全应急措施》	杨　达	30.00
	133	《幼儿教师必备的教育技能》	李　玲	30.00
	134	《卓越园长21条幼儿园管理策略》	周　丹　江东秋	30.00